História da
filosofia contemporânea

SÉRIE ESTUDOS DE FILOSOFIA

História da

filosofia contemporânea

2ª edição

Ivan Luiz Monteiro

inter saberes

Rua Clara Vendramin, 58 . Mossunguê
CEP 81200-170 . Curitiba . PR . Brasil
Fone: (41) 2106-4170
www.intersaberes.com
editora@intersaberes.com

Conselho editorial	Edição de texto
Dr. Alexandre Coutinho Pagliarini	Monique Francis Fagundes Gonçalves
Dr ͣ Elena Godoy	
Dr. Neri dos Santos	Capa
Mͣ Maria Lúcia Prado Sabatella	Denis Kaio Tanaami (*design*)
	Sílvio Gabriel Spannenberg (adaptação)
Editora-chefe	Everett Collection/Shutterstock (imagem)
Lindsay Azambuja	
	Projeto gráfico
Gerente editorial	Bruno Palma e Silva
Ariadne Nunes Wenger	
	Iconografia
Assistente editorial	Regina Claudia Cruz Prestes
Daniela Viroli Pereira Pinto	Vanessa Plugiti Pereira

Dados Internacionais de Catalogação na Publicação (CIP)
(Câmara Brasileira do Livro, SP, Brasil)

Monteiro, Ivan Luiz

    História da filosofia contemporânea / Ivan Luiz Monteiro. -- 2. ed. -- Curitiba, PR : InterSaberes, 2023. -- (Série estudos de filosofia)

    Bibliografia.
    ISBN 978-85-227-0752-2

    1. Filosofia – História I. Título. II. Série.

23-164096   CDD-109

Índices para catálogo sistemático:
1. Filosofia : História   109

Cibele Maria Dias – Bibliotecária – CRB-8/9427

1ª edição, 2015.
2ª edição, 2023.

Foi feito o depósito legal.

Informamos que é de inteira responsabilidade do autor a emissão de conceitos.

Nenhuma parte desta publicação poderá ser reproduzida por qualquer meio ou forma sem a prévia autorização da Editora InterSaberes.

A violação dos direitos autorais é crime estabelecido na Lei n. 9.610/1998 e punido pelo art. 184 do Código Penal.

sumário

dedicatória, vii
agradecimentos, ix
epígrafe, xi
apresentação, xiii
organização didático-pedagógica, xvii
introdução, xxi

1

Críticos da filosofia idealista, 30

    1.1 Arthur Schopenhauer, 32

    1.2 Friedrich Nietzsche, 41

    1.3 Marxismo, 49

2 *Fenomenologia e hermenêutica, 68*
    2.1 Fenomenologia, 70
    2.2 Hermenêutica, 76

3 *Existencialismo, 94*
    3.1 Sören Kierkegaard, 96
    3.2 Maurice Merleau-Ponty, 100
    3.3 Jean-Paul Sartre, 103

4 *Filosofia e linguagem, 114*
    4.1 Filosofia analítica, 116
    4.2 Círculo de Viena, 128
    4.3 Estruturalismo, 135
    4.4 Virada linguística, 150

5 *Escola de Frankfurt, 168*
    5.1 Theodor W. Adorno, 170
    5.2 Max Horkheimer, 174
    5.3 Herbert Marcuse, 177

6 *Problemas contemporâneos, 186*
    6.1 Instrumentalismo, 188
    6.2 Neocontratualismo, 192

considerações finais, 205
referências, 207
bibliografia comentada, 219
respostas, 225
sobre o autor, 241

dedicatória

 *Michele, companheira que* Deus me concedeu, e à Isadora, nossa filha.

Ao meu pai, a quem, com orgulho, reconheço como meu primeiro educador.

À minha madrinha Gaúcha.

agradecimentos

gradeço *primeiramente a* Deus pelo dom da vida.

Agradeço imensamente à minha família: pai, mãe, esposa e filha.

A toda a minha família.

A todos os amigos e irmãos das congregações dos Redentoristas e dos Passionistas, pelos quais tenho profunda gratidão por conta da formação humana que me proporcionaram em sua companhia.

Cordialmente, agradeço à família Pereira, que acreditou em mim em um momento tão difícil de minha jornada: à minha irmãzinha Silvana e ao seu esposo José e, também, aos seus filhos, Eduardo e Camila.

Por fim, agradeço em especial a amizade sem igual de Antonio Djalma Braga Junior, sem o qual esta obra seria impensável.

epígrafe

O filósofo, sendo **por necessidade** *um homem do amanhã e depois de amanhã, sempre se achou e* **teve** *de se achar em contradição com seu hoje: seu inimigo sempre foi o ideal de hoje.* (Nietzsche, 2005a, p. 106, § 212, grifo do original).

apresentação

E sta obra *apresenta* a história da filosofia compreendida a partir dos problemas investigados pelos filósofos contemporâneos de maior expressão. Nosso intuito é o de ofertar uma fonte de inquietação acerca da problemática filosófica pós-moderna, embora essa incitação ocorra de modo panorâmico, como fase preparatória e indispensável à verticalização do estudo em filosofia.

Com este livro em mãos, o leitor deverá sentir a provocação inerente ao filosofar, instituída pelo estranhamento da obviedade na constatação das coisas do mundo hodierno. Desde o primeiro momento até a última questão levantada, esta obra busca promover o raciocínio crítico no enfrentamento dos temas sugeridos por pensadores da envergadura de Arthur Schopenhauer, Friedrich Nietzsche, Karl Marx, Martin Heidegger, Bertrand Russell, Ludwig Wittgenstein, Jean-Paul Sartre e Michel Foucault.

Procuramos ressaltar de que maneira a investigação de um problema abordado por um filósofo ou corrente filosófica gera uma nova rede de questionamentos que acaba por ser discutida pelo pensador seguinte. Assim, sem privilegiar a contextualização histórica dos elementos envolvidos, evidencia-se a relação de continuidade que o pensamento reflexivo impõe à pesquisa filosófica. É isso que valida a historicidade dos problemas que abordaremos.

De maneira cabal, destinamos este livro ao formando de Filosofia em seus últimos anos de graduação, a fim de que lhe sirva de material didático. Com isso, motivamos a necessidade de uma abordagem vertical, por meio da bibliografia específica sugerida ao fim de cada capítulo, possibilitando ao formando uma reflexão crítica com mais propriedade.

Intentamos que, por meio deste livro, o filósofo em formação torne fecunda sua mente investigativa. E que lhe seja proveitoso o pensamento de que o espírito reflexivo que indaga sobre a essência ou contingência do mundo tem um contributo imprescindível na composição da teia dos saberes humanos.

Isso não pode significar outra coisa senão que a formação do filósofo em nossos dias deve primar pela consistência em refletir sobre o mundo, a fim de transformar a vida humana. Com efeito, não se trata apenas de meras conjecturas que descrevem o mundo tal qual ele pareça ser, mas de pensar em como podemos, por meio do pensamento crítico, propor uma nova realidade ao ser humano. Nesse aspecto, temos a responsabilidade de engendrar um mundo (uma realidade) o mais humano possível, em favor de nosso senso de humanidade.

organização
didático-pedagógica

E sta seção tem a finalidade de apresentar os recursos de aprendizagem utilizados no decorrer da obra, de modo a evidenciar os aspectos didático-pedagógicos que nortearam o planejamento do material e como o aluno/leitor pode tirar o melhor proveito dos conteúdos para seu aprendizado.

Introdução do capítulo

Logo na abertura do capítulo, você é informado a respeito dos conteúdos que nele serão abordados, bem como dos objetivos que o autor pretende alcançar.

Síntese

Você conta, nesta seção, com um recurso que o instigará a fazer uma reflexão sobre os conteúdos estudados, de modo a contribuir para que as conclusões a que você chegou sejam reafirmadas ou redefinidas.

Indicações culturais

Ao final do capítulo, o autor oferece algumas indicações de livros, filmes ou sites que podem ajudá-lo a refletir sobre os conteúdos estudados e permitir o aprofundamento em seu processo de aprendizagem.

Atividades de autoavaliação

Com estas questões objetivas, você tem a oportunidade de verificar o grau de assimilação dos conceitos examinados, motivando-se a progredir em seus estudos e a se preparar para outras atividades avaliativas.

Atividades de aprendizagem

Aqui você dispõe de questões cujo objetivo é levá-lo a analisar criticamente determinado assunto e aproximar conhecimentos teóricos e práticos.

introdução

dentrar a história da filosofia contemporânea por meio dos problemas levantados pelos pensadores que compõem esse período é o objetivo central de nosso trabalho. De início, devemos ter em mente que esta obra serve a requisitos didáticos, isto é, deve servir de incitação propedêutica à reflexão filosófica. Em cada capítulo, procuramos ofertar ao leitor uma visão panorâmica do problema investigado pelo filósofo em questão. Não resta dúvida de que, por vezes, soa arbitrário enquadrar determinado filósofo em uma corrente filosófica preestabelecida ou, ainda, remeter-nos a um grupo de pensadores como "expoentes" ou "principais" opositores de uma filosofia já consagrada. Portanto, é fundamental, para a melhor formação do estudioso, que, junto à provocação deste livro, o leitor se sinta, de fato, provocado! É preciso que busque estar munido da leitura das obras do próprio filósofo que levanta a problemática, pois é com esse intuito que desenvolvemos os capítulos que constituem o livro.

Inicialmente, apresentamos a filosofia de Arthur Schopenhauer e discorremos sobre como o filósofo, com sua obra *O mundo como vontade e representação*, de 1819, imprimiu sua marca no âmbito do pensamento filosófico. Schopenhauer foi um filósofo que, por não se filiar a nenhuma corrente filosófica, desenvolveu um pensamento independente e de grande importância para todas as áreas do saber humano. Podemos encontrar as marcas decisivas de sua filosofia em teorias de grandes expoentes, como Nietzsche, com seu conceito de *vontade de poder*, e Freud, com sua concepção de *inconsciente*. Todavia, o que mais nos interessa é demarcar a proposta schopenhauriana no que diz respeito à representação que temos do mundo e a como essa realidade que nos envolve (o mundo) é, na verdade, fruto da vontade cósmica.

Já com a filosofia de Friedrich Nietzsche, a qual tem sido grande objeto de estudo nos dias presentes, navegamos nas teias do seu discurso, tido, por muitos, como grande responsável pela crítica à sociedade moderna – contra a qual, diga-se de passagem, esse filósofo insistia com sua determinação do "homem por vir". Se, no início de suas pesquisas e trabalhos, ele tinha Richard Wagner e Arthur Schopenhauer a lhe servirem, respectivamente, de inspiração e modelo de educação, posteriormente, não será sem pudor que Nietzsche rompe relações com a música wagneriana e com a filosofia schopenhauriana. O que importa destacar, contudo, é como Nietzsche apresenta a arte como único meio de realizar o impulso da vida, sem se deixar arrematar pela vontade de poder que a tudo impulsiona e devora. Toda a problemática nietzschiana, ao fim e ao cabo, tende a servir de base ao fundamento que visa ao "além-do-homem" (*Übermensch*), cuja tarefa seria superar todos os valores humanos.

Em relação ao marxismo, importa-nos indicar que suas contribuições para a história da filosofia são de enorme importância. Nesse sentido, restringir a filosofia marxista à luta de classes (proletariado × burguesia) é limitar por demais a amplitude desse modo filosófico de compreender o mundo. Essa filosofia vai além da temática da luta de classes, apresentando os conceitos de *mais-valia*, de *emancipação do proletariado*, bem como a concepção do materialismo dialético, o que mostra seu sentido mais elaborado, uma vez que foi exclusivamente o marxismo que problematizou essas questões (Lukács, 2003) desde as teorias de seus primeiros representantes: Karl Marx e Friedrich Engels.

Desde a filosofia grega antiga, a filosofia da linguagem vem se constituindo como um problema recorrente. É por meio da investigação dos problemas linguísticos que podemos mostrar a linguagem sob a perspectiva dos analíticos. A rigor, esses célebres pensadores buscaram tratar a linguagem como forma adequada e profícua de se alcançar a meta do conhecimento. Para eles, a filosofia serve como instrumento na aplicação da linguagem em ciência. Oriundos dos campos das ciências naturais e da matemática, acreditavam que a contribuição da filosofia para a linguagem se efetiva somente quando a linguagem não consegue (ou não pode, para evitar a contradição) encontrar as proposições adequadas para o saber científico. Desse modo, a linguagem é que tem a primazia nos ditames dessa corrente filosófica.

xxiii

A respeito dos filósofos frankfurtianos, expomos sua recorrente discussão sobre conhecimento do mundo e organização social. Voltando suas análises à filosofia marxista, a fim de criticá-la, a Escola de Frankfurt – grupo de pensadores que surgiu do Instituto de Pesquisa Social, na década de 1920 – detinha suas principais pesquisas na problemática da teoria crítica da sociedade. A partir de teses marxistas e de algumas teses hegelianas, os filósofos da Escola de Frankfurt produziram seus trabalhos para compor uma contrapartida à sociedade capitalista. Os frankfurtianos buscaram desenvolver uma proposta crítica que promovesse uma sociedade em que não houvesse as figuras de exploradores e explorados socialmente.

Continuando os estudos sobre a filosofia da linguagem, nossa fonte de investigação recai sobre o *neopositivismo* (também chamado *empirismo lógico*), corrente filosófica dos pensadores que compuseram o grupo do Círculo de Viena (*Wiener Kreis*). Destacamos as contribuições de Moritz Schilick e Hudolf Carnap, para os quais a reflexão sobre o método científico tem importância decisiva no que diz respeito à filosofia desenvolvida.

No que se refere à fenomenologia, demonstramos como essa perspectiva surgiu a partir da concepção de Edmund Husserl. Em relação ao seu surgimento em filosofia – buscando compreendê-la por meio do método de suspensão do juízo de Husserl –, vemos que aquilo que caracteriza a consciência ou subjetividade é o mesmo que permite a captação dos acontecimentos ao nosso redor. É por meio da consciência que damos conta de ordenar, de maneira racional, a realidade que se apresenta a nós por meio dos fenômenos. Partindo das teses de Husserl, a fenomenologia tornou-se mais que um método de pesquisa filosófica. Trata-se, também, de uma corrente de pensamento que, no campo moral, tem em Max Scheler seu expoente significativo.

A acepção do termo *estrutura* e as análises de Saussure em seus estudos linguísticos compõem o recorte realizado para expormos o *estruturalismo* – termo empregado como um modo de compreensão filosófico que está diretamente relacionado às ciências humanas e ao conhecimento que delas provém. Para nos dirigirmos à primeira fonte dessa corrente filosófica, temos de recorrer ao conceito elementar de *estrutura*. Pensemos, então, na estrutura de um edifício, organizada a partir de elementos primários ou basilares (tijolos, ferragem, areia, cimento etc.). Ora, como sabemos, a construção de um edifício pressupõe elementos mais simples, que, uma vez organizados, permitem a formação de cada piso, o qual serve de sustentação para o andar seguinte – que, por sua vez, constitui, com todos os outros andares, o prédio como um todo.

A corrente de pensamento estruturalista – movimento filosófico que teve início nas primeiras décadas do século XX – teve importante contribuição para as pesquisas filosóficas subsequentes. Após as produções estruturalistas, tivemos a chamada *virada linguística*. O importante é sabermos por que a linguagem se tornou um marco para os estudos de filosofia. Quem são os estudiosos que mais contribuíram para o movimento da virada linguística? Por meio desse e de outros questionamentos acerca da filosofia da linguagem, entendemos que nossos estudos possam galgar melhores searas no campo do fenômeno linguístico.

Tratamos ainda, nesta obra, do *existencialismo*, que, tendo como base o movimento fenomenológico, é uma corrente filosófica na qual as análises visam estipular o substrato primeiro para a existência do homem como consciência que define e organiza o mundo. Apresentamos essa corrente por meio de filósofos como Martin Heidegger, Jean-Paul Sartre e Maurice Merleau-Ponty. O existencialismo se propõe a ser uma filosofia na qual a subjetividade se sobrepõe em termos de existência. Em outras palavras, para os existencialistas, as condições do existir

xxv

humano se colocam à frente da definição do ser. Com efeito, a subjetividade (consciência) se manifesta existindo em um mundo (realidade) no qual o homem, com todo o seu potencial, busca conferir sentido às coisas que o rodeiam. Assim, enquanto para Heidegger as condições de possibilidade do existir se apresentam por meio do ser-aí (*dasein*), para Sartre, a certeza da nulidade (do nada) é a condição que se enraíza na subjetivação do existir humano. Merleau-Ponty, por sua vez, percebe a existência como a possibilidade do encadeamento da percepção, isto é, como forma com a qual o corpo, ao oferecer experiências, permite que estas sejam ordenadas de modo a conferir sentido ao mundo humano.

Ao abordarmos a questão da formação filosófica e a noção de justiça atual, estipuladas como problemas contemporâneos, apresentamos o modo pelo qual John Dewey, ao definir sua filosofia pragmática, institui a experiência como forma válida de obtenção e comprovação do conhecimento. É por meio dela, experiência, que o homem busca dar significado às coisas e aos acontecimentos do mundo. A concepção de Dewey sobre a realidade do mundo – este que é destituído do poder do pensamento reflexivo do homem – revela quão necessárias são a filosofia e a educação filosófica, visto que propiciam ao homem o conhecimento e a aplicabilidade prática (por meio da ética) dos saberes adquiridos. Dessa forma, será possível perceber que a reflexão que administra a experiência de vida é, na verdade, a própria filosofia, a qual serve de instrumento ao ser humano, permitindo-lhe dotar de sentido a realidade que o cerca em sua totalidade.

Finalmente, veremos como John Rawls propõe, por meio de uma ferramenta intelectual chamada *posição originária*, uma possibilidade de repensarmos a condição de justiça social. Utilizando-se da condição de equidade entre os pares de determinada sociedade, poderíamos pensar que, se não soubessem de suas futuras atribuições sociais, os indivíduos buscariam instituir leis que não os prejudicassem futuramente. Com essa noção, a intenção de Rawls é demarcar o campo da justiça, a fim de estipular quais instituições em nossa atual sociedade operam justa ou injustamente. Sua teoria também incorre na determinação de um contrato social que vise equilibrar a situação entre os mais e os menos favorecidos.

1

Críticos da filosofia idealista

A escolha de circunscrever as três filosofias que se encerram neste capítulo sob um mesmo terreno – o da crítica filosófica – responde a uma exigência meramente pedagógica. Com efeito, você facilmente notará que se trata de três distintas maneiras de problematizar a filosofia. Também será evidente que tanto Schopenhauer quanto Nietzsche e a corrente marxista como um todo tecem uma crítica nada velada ao modelo idealista da filosofia. Portanto, não é de todo arbitrária nossa escolha de, guardando as peculiaridades de cada uma dessas correntes contemporâneas, demarcá-las como opositoras do idealismo. Isso será facilmente verificável por meio da compreensão da metafísica da vontade, de Schopenhauer, e de sua teoria do conhecimento, que preza pelo caráter da representação. Já em Nietzsche verificaremos essa questão por meio da crítica que ele tece à cultura de seu tempo e do entendimento do seu método genealógico, usado para a investigação de valores morais e científicos. Outro não será o resultado ao averiguarmos, em Marx e Engels, o estabelecimento do materialismo como método de entendimento e exposição para constatação dos problemas sociais, justificando que não se trata somente de pensá-los (ideologicamente), mas de encontrar as condições práticas que possibilitem a transformação real das condições humanas. Com esses pensadores, o ideológico deixa de ditar as regras na definição da visão acerca do mundo e é a prática humana que passa a engendrar a teia dos conceitos filosóficos.

1.1
Arthur Schopenhauer

Arthur Schopenhauer (1788-1860), dotado de grande capacidade intelectual, soube aproveitar as posses de sua família, viajando em busca de conhecimento. Por conta de sua condição social confortável, pôde dedicar-se quase que exclusivamente aos estudos e a seus escritos. Na Universidade de Berlim, lecionando por um breve período, entrou em confronto com Hegel, "perdendo" seus alunos para ele. Somente ao fim de sua vida, Schopenahuer teve reconhecimento público de sua obra capital – O mundo *como vontade e representação*. Com efeito, a tradição filosófica guardaria a esse pensador um lugar de destaque, por meio do qual passou a influenciar outras áreas do saber humano, como a literatura de Zola, Kafka, Tolstói e a própria filosofia de Wittgenstein e da Escola de Frankfurt.

1.1.1 *O mundo como representação*

Segundo Schopenhauer (2005, p. 43), a consciência de que "o Mundo é minha representação" determina a instauração de um espírito filosófico naquele que é capaz de alcançar tal consciência, ou seja, em todo homem na qualidade de ser pensante. A **representação** descrita pelo filósofo significa a capacidade de o sujeito constituir uma relação com o objeto percebido por ele por meio dos sentidos. Desse modo, a existência das coisas fora de nós não poderia ser verificada em si mesma. Tomamos consciência da existência dos objetos para além de nós a partir da percepção que eles suscitam, quando nossa mente os representa tal como os percebemos.

Poderíamos afirmar que a representação é uma espécie de moeda que encontra validade somente mediante as faces que detém. Assim, sujeito e objeto são como os lados da moeda – elementos dos quais não podemos prescindir ao representar o mundo. A crítica de Schopenhauer tende a se impor tanto ao materialismo, que nega o sujeito em função do objeto, quanto ao idealismo, que reduz o objeto ao sujeito – ideias que apresentam como principal defeito o fato de procurarem, por vias distintas, uma única reposta, ou seja, uma solução de mão única.

O **sujeito**, para Schopenhauer, é aquele que tudo conhece – é o sustentáculo do mundo, a condição universal sempre subentendida de todo fenômeno e de todo objeto. Já o **objeto** da representação é aquilo que é conhecido mediante as formas *a priori* de tempo e espaço. Cada uma dessas duas faces – sujeito e objeto –, segundo Schopenhauer (2005), somente encontra sentido por meio da relação que guarda com a outra, não podendo, de fato, ser separadas.

1.1.2 *As formas a priori: tempo, espaço e causalidade*

O mundo como nos aparece em sua imediaticidade, considerado como a realidade em si, é, na verdade, um conjunto de representações condicionadas pelas formas *a priori* da consciência, que, para Schopenhauer (2005), são o **tempo**, o **espaço** e a **causalidade**.

Schopenhauer não se furta em reconhecer a herança kantiana desses conceitos, porém critica o modo pelo qual seu antecessor tratara tais categorias.

O pensador, portanto, reconhece que sua filosofia é consequência da de Kant, mas vai mais adiante. De acordo com Schopenhauer (2005), a filosofia kantiana estabelece as formas *a priori* do tempo e do espaço como mediadoras da percepção e da sensação dos seres humanos a respeito das coisas do mundo. Além disso, estabelece o tempo, o espaço e a categoria de causalidade como bases de composição do entendimento do ser humano para conhecer as coisas. Então, como podemos perceber a novidade proposta por Schopenhauer quando afirma que "o mundo é minha representação"? Tomando como válidas as formas *a priori*, Schopenhauer defende que nossa elaboração do mundo se faz, de modo exclusivo, pelo encadeamento causal de nossas percepções e sensações. Isso significa que tudo o que percebemos via espaço/tempo, segundo esse filósofo (Schopenhauer, 2005), é utilizado pelo nosso entendimento, o qual opera somente a partir da categoria de causalidade, elaborando uma representação do mundo. Em outras palavras, para Schopenhauer, a causalidade é a única categoria necessária para que nosso intelecto (o entendimento, na terminologia kantiana) constitua e compreenda as coisas do mundo, ao passo que, para Kant, fazem-se necessárias doze categorias, subdivididas em três partes, a saber: **quantidade** – unidade (1), pluralidade (2) e totalidade (3) –; **qualidade** – realidade (4), negação (5) e limitação (6) –; **relação** – inerência e subsistência (7), causalidade e dependência (8), comunidade (9) (ação recíproca entre o agente e o paciente) –; e **modalidade** – possibilidade (10), existência (11) e necessidade (12) (Kant, 2001).

A reserva de Schopenhauer para com o emprego dessas categorias se dá mediante a compreensão de que a representação, o mundo, a relação causal (causa e efeito) dos objetos, responde pela única realidade desses objetos. Assim, recorre à exposição do princípio de causalidade como princípio de razão suficiente para a elaboração das definições das coisas do mundo. Tal princípio tem quatro raízes (modos de apreciação da causalidade) que nos permitem determinar os objetos: o **devir**, o **conhecer**, o **ser** e o **agir** (Schopenhauer, 2005).

O mundo como representação, considerando-se a quádrupla raiz do princípio de razão suficiente (causalidade), deve ser necessariamente estruturado por meio de quatro instâncias: em relação aos objetos naturais, pelo devir; em relação à verdade e à falsidade dos juízos, pelo conhecer; em relação à forma e aos conteúdos dos seres existentes, pelo ser; e, por fim, em relação à motivação das ações, pelo agir.

1.1.3 O mundo como vontade

O mundo como representação é um fenômeno, o que significa que podemos compreendê-lo com base em nossas sensações e percepções. Todavia, para Schopenhauer, isso não garante, por exemplo, a evidente distinção que há entre vigília e sonho, pois, nos sonhos, as coisas também se passam em uma temporalidade (o antes e o depois são perceptíveis). Além disso, sonhamos as coisas dentro de um espaço (o lugar com o qual sonhamos) e é nítida nossa sensação de causa e efeito. Não importa o quanto essas percepções sejam fantásticas; de fato, elas se dão da mesma forma como em vigília (Schopenhauer, 2005).

Desse modo, somente como fenômenos as coisas do mundo não nos trariam a evidente distinção entre vigília e sonho.

Porém, o que agora nos impele à investigação é justamente não mais estarmos satisfeitos em saber que possuímos tais e tais representações, conectadas conforme estas e aquelas leis, cuja expressão geral é sempre o princípio de razão. Queremos conhecer a significação dessas representações. Perguntamos se este mundo não é nada além de representação, caso em que teria de desfilar diante de nós como um sonho inessencial ou um fantasma vaporoso, sem merecer nossa atenção. Ou ainda se é algo outro, que o complemente, e qual sua natureza. Decerto aquilo pelo que perguntamos é algo, em conformidade com sua essência, totalmente diferente da representação, tendo, pois, de subtrair-se por completo às suas formas e leis. Nesse sentido, não se pode alcançá-lo a partir da representação, seguindo o fio condutor das leis que meramente ligam objetos, representações entre si, que são as figuras do princípio de razão. (Schopenhauer, 2005, p. 155)

Assim, vemos a necessidade de mais uma instância para compreendermos a realidade – em sua essência, e não mais na aparência – que nos cerca. Para explicar o que são as coisas em si mesmas, em sua essência, Schopenhauer determina que, se o mundo é a representação como fenômeno, o núcleo duro (a essência) de tudo o que existe, para além do que é percebido, então, é aquilo que sustenta e conforma a aparência da realidade. O mundo como **representação** é fenômeno, isto é, como as coisas aparentemente são. Já o mundo como **vontade** corresponde ao *noumenon*, ou seja, a como as coisas são de fato, como são em si mesmas (Schopenhauer, 2005).

A vontade é a realidade mesma das coisas em sua essência; é a vontade insaciável, cega e irresistível, pura em sua imensurabilidade cósmica. Essa vontade informa todos os seres do Universo, os quais podem ser percebidos e sentidos apenas aparentemente, exatamente porque neles a vontade está velada (encoberta) – está, por assim dizer, atrás da aparência que é fenômeno. Diferentemente de Kant, o suprassensível (*noumenon* opondo-se ao fenômeno), em Schopenhauer, é passível de conhecimento.

Recorrendo à tradição filosófica, à literatura universal e, sobretudo, aos textos sagrados do hinduísmo, Schopenhauer entende que o mundo como fenômeno (representação) é uma ilusão, uma aparência, da qual a vontade se utiliza para se manter intacta e realizando-se (Schopenhauer,

2005). Assim, como fenômeno, o mundo é encoberto pelo chamado *Véu de Maia* – o qual, na teoria de Schopenhauer, evidencia a limitação do conhecimento e da existência otimista. A imagem direta que se pode estabelecer a partir dessa denominação schopenhauriana é a de que o princípio de individuação conforma e preserva a vida, porque "o homem individual está sentado tranquilo em meio a um mundo pleno de tormentos, apoiado e confiante no *principium individuationis*, ou modo no qual o indivíduo conhece as coisas como fenômeno" (Schopenhauer, 2005, p. 450-451).

Segundo Schopenhauer (2005), a realidade mesma das coisas permanece no íntimo de tudo o que existe e, como vontade universal, impulsiona tudo o que existe como parte constituinte desse todo. Pensemos na vontade geral (universal) como um todo; essa é a verdadeira essência de tudo o que existe.

> A vontade é a realidade mesma das coisas em sua essência; é a vontade insaciável, cega e irresistível, pura em sua imensurabilidade cósmica.

Com efeito, as coisas como se apresentam para nós detêm uma parcela de vontade cósmica, manifestando-se como vontade de viver, como autoconservação.

A vontade cósmica, impulso que nunca é saciado, é, então, encoberta pelo Véu de Maia, o qual acoberta a realidade última das coisas, impedindo o reconhecimento imediato delas em sua essência (Schopenhauer, 2005). Mas como, isto posto, superar a aparência e adentrar na realidade mesma? Ora, somente quando entendermos que a vontade (*noumenon*) é a essência de tudo o que existe e quer se consumar (consumir) existindo.

A vontade é, portanto, o conceito por excelência da filosofia schopenhauriana. Podemos conhecê-la na medida em que, em nós mesmos, manifesta-se como vontade de viver. Com essa vontade de viver, entendemos que somos parte da vontade cósmica que identifica a condição de tudo o que quer permanecer existindo neste "mundo, campo de carnificina onde entes ansiosos e atormentados vivem devorando-se uns aos outros, [...] onde a capacidade de sofrer aumenta na proporção da inteligência, e atinge portanto no homem o mais elevado grau" (Schopenhauer, 1960, p. 26). Assim, compreendemos o impulso de autoconservação que quer se impor e faz de nós apenas os meios pelos quais a vontade cega pode se autoafirmar e permanecer intacta.

Desde as substâncias mais simples (plantas, por exemplo) até as mais complexas (seres racionais), podemos verificar uma necessidade que impulsiona a vontade de viver. O que distingue o homem do restante do plano de coisas existentes, mediante a vontade cega, é o fato de reconhecer que o que lhe impele à vida (vontade de viver) constitui, na verdade, um impulso cósmico insaciável e avassaladoramente irracional (Schopenhauer, 2005). Porém, de que forma um impulso irracional (vontade cósmica) pode – e, para Schopenhauer, deve – conduzir o processo racional de conhecimento da verdadeira realidade?

Ora, somente por meio da reflexão e da consciência que temos, como seres racionais, de ser a manifestação da vontade cósmica é que constatamos que nosso ser e nosso agir manifestam-se como simples recortes da vontade cega, que é o impulso incomensurável de continuar existindo.

Com efeito, primeiramente apenas como diagnóstico superamos o plano fenomênico da representação e alcançamos a realidade mesma. Contudo, segundo o filósofo, resta ainda a necessidade de, após refletirmos, adotar uma postura para que possamos escapar dos domínios irracionais da vontade cósmica. Para tanto, devemos nos propor (racionalmente) a sentir dor em nós mesmos, que seja constantemente instigada pela realização do impulso cego que nunca está satisfeito e sempre quer mais (Schopenhauer, 1997). Devemos, então, buscar nossa libertação, promovendo a redenção do humano em nós mesmos.

De acordo com Schopenhauer (1960), na interiorização, no mergulho em nós mesmos, entendemos – ao refletirmos sobre as coisas do mundo – que a vontade que nunca se sacia promove em nós, como manifestação concreta que somos dela, a dor (constante por querer se satisfazer) e o tédio (momentâneo ao realizarmos brevemente, por um instante somente, aquilo que pretendíamos).

Mas como escapar da dor e do tédio? Somente a **arte** e a **ascese** possibilitam que nos separemos das amarras da vontade avassaladora. A arte porque a experiência estética nos permite captar os objetos como ideias puras sem nenhum vínculo ou necessidade de fins. Na arte, anulamo-nos (somos despossuídos de nós mesmos e temporariamente nos deslocamos da dor); nada temos ou queremos realizar, apenas nos resta a contemplação. A ascese, segundo Schopenhauer (2005), também tem o poder de nos retirar do jogo da vontade.

Partindo de uma abordagem volitiva, Schopenhauer contradiz toda perspectiva otimista, defendendo que, "se a nossa existência não tem por fim imediato a dor, pode-se dizer que não tem razão alguma de ser no mundo" (Schopenhauer, 1960, p. 5). A elaboração dessa tese tem sua raiz na postulação de que o real constituinte de toda a existência é a vontade. Uma vez que esta não pode nunca ser plenamente saciada, o desprazer (sofrimento) é perene.

A fuga consciente desse mundo de dores é o que a filosofia schopenhauriana propõe. Assim, deixar de ser um objeto da vontade, escapar do contínuo sofrimento, dar-se-ia por meio da contemplação artística. A obra de arte seria um dos possíveis modos de aniquilação da vontade, sem se tornar, no todo, um joguete de seus anseios.

quando uma circunstância estranha, ou a nossa harmonia interior nos arrebata por um momento à torrente infinita do desejo, nos livra o espírito da opressão da vontade, [...] e as coisas nos aparecem desligadas de todos os prestígios da esperança, de todo o interesse próprio, com objetos de contemplação desinteressada e não de cobiça; é então que esse repouso, procurado baldadamente nos apresenta e nos dá o sentimento da paz em toda a sua plenitude. [. . .] nos vemos por um momento livres da pesada pressão da vontade. (Schopenhauer, 1960, p. 108)

Por meio da obra de arte, haveria, então, uma fuga do império da vontade. Para esse autor, a arte por excelência é a **música** – a herança schopenhauriana sobre o valor da arte musical é de grande importância. Uma vez que, para essa filosofia pessimista, a genialidade se exprime nessa arte, trata-se de deixar de ser um objeto subjugado da vontade (usado como meio) e tornar-se o detentor, o regente, aquele que tem a vontade em mãos.

A ascese, por sua vez, leva-nos à compreensão de que não somos indivíduos singulares a padecer no mar de dor da vontade, que insiste em seus flagelos por meio da condição da vontade de viver. Na compaixão, que é a constatação de que todos os seres compartilham da *via crucis* que é a vida, nos irmanamos com o destino de todos e nos libertamos de nossa dor por meio da negação da vontade de viver. A dor do outro é adotada por mim não como soma à minha dor; reconheço-a como minha porque compartilho da dor alheia, buscando superá-la por meio da bondade, do agir na sua supressão, estagnando-a. A vontade é minada porque não busco a realização de meus instintos egoístas, mas, pelo contrário, ao promover a estagnação da dor alheia, a dor em mim se esvai (Schopenhauer, 2005).

É necessário que fique claro que a anulação da dor e do tédio, por meio da arte e da ascese, não é uma aniquilação de nossa condição. Isso seria admitir um otimismo e um finalismo (resolução definitiva) na teoria de Schopenhauer, conceitos totalmente diversos da proposta de sua filosofia. Para o filósofo, a questão centra-se em como livrar-se da submissão opressiva da vontade cósmica de modo paliativo (como processo), e não definitivamente, visto que somos essencialmente vontade.

1.2
Friedrich Nietzsche

Friedrich Wilhelm Nietzsche (1844-1900), estudou filologia clássica em Leipzig e, ao fim de sua formação acadêmica, aos 25 anos, foi chamado para lecionar na Universidade da Basileia. Passado algum tempo, terminou por se demitir e encerrar sua carreira acadêmica, dedicando-se a elaborar a sua filosofia. A obra *O mundo como vontade e como representação*, de Schopenhauer, produziu em Nietzsche uma marca indelével e, em um primeiro momento, conduziu-o em sua filosofia assim como um mestre tutela o seu discípulo. Posteriormente, Nietzsche passou a criticar a filosofia schopenhauriana, mantendo, ainda, um diálogo com os textos desse autor. Além da obra de Schopenhauer, a música de Richard Wagner influenciou a produção de Nietzsche, que desenvolveu uma amizade íntima com o compositor, a ponto de conceder a ele a responsabilidade pela renovação ou salvação da música alemã.

1.2.1 Primeiros trabalhos

A leitura da obra magna de Schopenhauer deixou Nietzsche maravilhado. Com o mesmo tom do pessimismo schopenhauriano, o jovem Nietzsche entendera a vida como irracional e com grande pendor para consternar o homem com todas as dores possíveis. Também, para ele, a **arte** seria a única forma de transpor com alguma dignidade o flagelo da vida e suas crueldades para com a humanidade. Segundo Nietzsche (2007), foi na música de Wagner que a arte ganhou um novo sopro em favor da vida.

Tal constatação é possível de ser feita com a leitura de o *Nascimento da tragédia* (1872), obra na qual a aceitação da vida em sua instância trágica seria tida como modelo a partir da tragédia ática. Foram os gregos dos períodos pré-socrático e trágico os responsáveis pelo verdadeiro sim à vida. Ao assumirem os dois impulsos vitais, o apolíneo e o dionisíaco, fizeram da vida uma obra de arte, tornando-a, assim, justificável.

Com base na teoria dos pré-socráticos e no pensamento trágico, o pensador criticou duramente a filosofia socrático-platônica. Para Nietzsche (2007b), essa forma de filosofar seria responsável pelo desaparecimento (morte) do dionisíaco em favor da racionalidade. Com efeito, essa filosofia teria destituído de sentido o que a vida realmente significava para os gregos. Por isso Nietzsche a tomava como "não grega" ou entendia que suas ideias iam contra tudo aquilo que os gregos teriam feito em favor da vida justificada.

O objetivo de uma cultura autêntica foi exposto por ele na obra *O nascimento da tragédia, ou Helenismo e pessimismo* (Nietzsche, 2007b), na qual revelou a sabedoria trágica dos gregos ao conseguir conciliar duas pulsões cósmicas* do homem em prol da vida em sua real significância – uma interpretada como a pulsão conservadora (apolínea) e outra como a pulsão extravagante (dionisíaca) –, ambas inerentes e imprescindíveis ao substrato natural de uma cultura.

---

* Marton (1990, p. 56) demonstra como o apolíneo nietzscheano e o ímpeto dionisíaco se contrapõem e, paradoxalmente, se complementam: "Apolo, o deus da bela forma e da individuação, permitia que Dioniso se manifestasse; Dioniso, o deus da embriaguez e do dilaceramento, possibilitava a Apolo que se exprimisse. Um assegurava ponderação e domínio de si; o outro envolvia pelo excesso e vertigem. Como a luz e a sombra, a superfície e as profundezas, a aparência e a essência, mostravam-se imprescindíveis. Conjugados na tragédia, eram manifestações, na arte, de duas pulsões cósmicas".

O impulso da vontade de viver representado pelo deus Apolo (princípio da individuação, da sobriedade, da justa medida – também podendo este ser entendido como noção reguladora ou normativa) contrapõe-se ao deus Dionísio (o qual simboliza o informe, a desmedida, a transgressão de todos os limites e tem na síntese trágica sua confluência original). A tragédia ática permitiu aos gregos encontrar o equilíbrio entre essas duas pulsões, que impelem o homem não somente à representação artística, mas, principalmente, aos impulsos necessários à sua existência e significação. Educar para essa compreensão de mundo é essencial, segundo Nietzsche, para a formação de uma cultura verdadeira, ou seja, a cultura trágica.

O deus Apolo representa, para os gregos, a divindade da "bela aparência do mundo do sonho"[*] (Nietzsche, 2007b, p. 26). Com essa afirmação, ele postula que, no sonho, nada é indiferente ao sonhador e tudo é preenchido por sentido e significação, ou seja, ao indivíduo que sonha tudo é conhecido mediata ou imediatamente. Já na realidade cotidiana, o conhecimento individual imprime significado a tudo o que o cerca. Tanto na realidade diária quanto no sonho há uma sensação de que algo falta, ao menos em mentes semidespertas. A razão desconfia que aquele todo sonhado não é realmente como se apresenta, porém, mesmo "na mais elevada existência dessa realidade onírica" (Nietzsche, 2007b, p. 25), ainda há sensação presente da aparência.

---

[*]   Apolo tem como tarefa, segundo acreditavam os gregos, ser o deus divinatório. Além disso, ser "a divindade da luz, [que] reina também sobre a bela aparência do mundo interior da fantasia. A verdade superior, a perfeição desses estados, na sua contraposição com a realidade cotidiana tão lacunarmente inteligível, seguida da profunda consciência da natureza reparadora e sanadora do sono e do sonho, é simultaneamente o análogo simbólico da aptidão divinatória e mesmo das artes, mercê das quais a vida se torna possível e digna de ser vivida" (Nietzsche, 2007b, p. 26).

A principal característica que Nietzsche (2007b) destaca sobre o apolíneo é o seu **princípio de individuação** (*principium individuationis*). Como herança schopenhauriana, a função desse princípio é uma espécie de faculdade embelezadora e otimista da vida. Os impulsos existencial e artístico que se remetem a Apolo operam como emuladores existenciais. Uma formação educativa pautada exclusivamente nessa faculdade obtém uma crença, sempre mais confiante, de que, a partir desse princípio, é possível alcançar, por meio da arte humana, um conhecimento seguro e uma existência tranquila (Nietzsche, 2007b).

Paralelamente ao apolíneo, ou mesmo contrapondo-se a ele, há o dionisíaco. Dionísio, segundo Nietzsche, é o deus que responde pelo impulso mais natural da vida, isto é, aquilo que mais se assemelha ao uno-primordial (Nietzsche, 2007b, p. 45), a partir do qual todos os existentes têm sua origem. A sensação dionisíaca é transcrita e sentida do mesmo modo que a embriaguez. Sob influência manifesta do dionisíaco, "a natureza alheada, inamistosa ou subjugada volta a celebrar a festa de reconciliação com seu filho perdido, o homem" (Nietzsche, 2007b, p. 28). Por meio dessa metáfora nietzschiana, fica claro como o dionisíaco, em detrimento da artificialidade, concebe o homem em sua porção mais próxima do natural.

Ao encontrar na tragédia ática o aspecto fundamental da serenidade grega e interpretá-la como fundamento de uma cultura autêntica para formar o homem cultivado por excelência, Nietzsche aponta para uma educação mais naturalizada, na medida em que está mais próxima de um fim humanamente digno de ser almejado. Assim, a tragédia torna-se o meio pelo qual cada ser humano "se sente não só unificado, conciliado, fundido com seu próximo, mas um só, como se o Véu de Maia tivesse sido rasgado" (Nietzsche, 2007b, p. 28) e surgisse o todo como que desvelado.

O princípio do saber trágico surge da pergunta sobre o sentido da existência e da resposta de caráter dionisíaco. Ou seja, a desmedida inebriante da vida, em sua raiz existencial, é o ponto de partida, conforme podemos notar quando Nietzsche afirma que, interrogado incessantemente pelo Rei Midas sobre o que seria melhor para o homem, Sileno teria dito: "Estirpe miserável e efêmera, filhos do acaso e do tormento! Por que me obrigas a dizer-te o que seria para ti mais salutar não ouvir? O melhor de tudo é para ti inteiramente inatingível: não ter nascido, não **ser, nada ser**. Depois disso, porém, o melhor para ti é logo morrer" (Nietzsche, 2007b, p. 33, grifo do original).

Esse é o tipo de ímpeto de sabedoria que o educador deveria ter em uma cultura trágica. Para Nietzsche, a sabedoria de Sileno* a respeito da vida, segundo a lenda, desperta no homem um pensamento assombroso. Contudo, é por meio da terrível verdade sobre o ser que se alcança a superação metafísica a partir da cultura, tomando a existência como representação da vida em seu único respaldo validamente coerente, ou seja, com um sentido estético.

Nietzsche, em suas primeiras obras, critica o cientificismo e o historicismo em demasia praticados pelos eruditos de seu tempo. Contra o academicismo científico e histórico, o filósofo se propõe a escrever uma série de textos reunidos sob o título de *Considerações extemporâneas***.

---

* Segundo nota de J. Guinsburg, "Sileno era um semideus, preceptor de Dionísio. Filho de Pã ou, segundo outras versões, de Hermes e Geia, era representado como um velho careca, sempre bêbado, montado num asno ou amparado por sátiros, que acompanhava o cortejo do deus por toda parte e de cuja ebriedade falava sempre a voz mais profunda do saber e da filosofia" (Nietzsche, 2007b, p. 145).

** As *Considerações extemporâneas,* em algumas traduções, podem ser encontradas como *Considerações intempestivas* (Marton, 1999). As referências às *Considerações extemporâneas* serão, nesta obra, abreviadas por *Co. Ext.*, acrescidas de sua numeração ou pelo seu subtítulo.

1.2.2 Segundo período de escritos

É comum, para fins didáticos, dividirmos a filosofia nietzschiana em três períodos. As *Considerações extemporâneas* e o *Nascimento da tragédia* demarcam o chamado *primeiro período*, ou os textos do jovem Nietzsche, conforme designou Giacóia Junior (2000). O texto de *Humano, demasiado humano* marca a separação e o distanciamento de Nietzsche em relação à filosofia de Schopenhauer e à música de Wagner, dando início ao que se convencionou chamar de *segundo período filosófico de Nietzsche*.

No segundo período, Nietzsche se aproxima, de forma mais cuidadosa, do conhecimento científico e tem uma postura mais crítica em relação à arte de forma geral. Dessa época são também as obras *A gaia ciência* e *Aurora*, nas quais a "filosofia a marteladas" pesa sobre uma série de teses – idealistas, evolucionistas, positivistas e românticas –, principalmente em relação ao cristianismo.

Ao adotar, de modo derradeiro, o valor dionisíaco, Nietzsche critica todos os demais valores que não promovam a forma de viver dionisíaca. Ao negar os valores postos pela sociedade moderna de seu tempo, ele constatou o que chamou de a "morte de Deus" (Nietzsche, 2001, p. 147), porque julgou o cristianismo – e o desenvolvimento dos valores cristãos em todos os campos da vida humana, como na moral, na arte e mesmo na ciência – culpado pela imposição dos padrões de vida ocidental.

A religião cristã teria suprimido, ao instituir novos valores para o Ocidente, tudo o que o impulso dionisíaco requer para a vida autêntica. Por isso, o desenvolvimento de tudo aquilo a que o cristianismo dá valor termina pela derrocada de quaisquer valores, proporcionando uma vida que Nietzsche julga escravizada (Nietzsche, 2004). A "morte de Deus" simboliza a perda de referência, a falta de sentido de tudo o que sirva de sustentação à verdadeira vida.

Segundo Nietzsche, por meio da destruição dos valores que deveriam prevalecer, constata-se o fracasso do homem, que se deixou levar pelo vazio de sentido dos valores instituídos, que nada mais podem significar a não ser a própria nulidade da vida. Todavia, é em favor da vida – como único valor de que não se pode abrir mão – que Nietzsche julga necessário transpor a tábua de valores oriundos do cristianismo. A tarefa consiste em instaurar uma nova cadeia de valores, empreendimento que Nietzsche remete ao "novo homem", ao "homem do porvir": eis a necessidade e a validez de se interporem o conceito e a prática do "além-do-homem" (*Übermensch*)*.

Em oposição à figura do homem moderno de seu tempo, o último homem, Nietzsche interpõe a noção de uma nova espécie de homem, o além-do-homem nietzschiano. Um indivíduo que é capaz de criar um novo patamar de valores que condigam com o tipo superior de humanidade requerida pela noção do além-do-homem. Trata-se de um "contra-ideal da tendência ao nivelamento e à uniformização que, para Nietzsche, caracteriza a moderna sociedade de massa. Para ele [Nietzsche], o homem pode ser visto não como um fim – como o deseja o *último* homem –, mas como um meio para conquistar possibilidades mais sublimes de existência" (Giacóia Junior, 2000, p. 57, grifo do original).

1.2.3 Como tornar-se o que se é

O terceiro e último período da produção filosófica de Nietzsche, tido como o mais fecundo, encerrou-se em 1889, por conta de sua doença. São desse período as obras *Assim falou Zaratustra* (1883-1885),

---

*   Para Giacóia Junior (2000, p. 56), o conceito nietzscheano de *Übermensch* é versado também como "super-homem"; contudo, assim como esse comentador de Nietzsche, optamos por traduzir o termo por "além-do-homem".

Além do bem e do mal (1886), *A genealogia da moral* (1887), *Crepúsculo dos ídolos* (1888), *O Anticristo* (1888) e *Ecce homo* (1888).

A grande lição de Zaratustra – personagem do qual Nietzsche lança mão para efetivação de sua filosofia – é ensinar o além-do-homem: "Eis, eu vos ensino o além-do-homem. O além-do-homem é o sentido da terra. Assim fale a vossa vontade: possa o além-do-homem tornar-se o sentido da terra!" (Nietzsche, 2010a, p. 19). A constatação da derrocada dos valores instaurados pelo cristianismo culmina na certeza de que a "moral de escravos" faz parte da condição em que se encontra a sociedade moderna. Isso porque, ao invés de louvar a vida presente por meio do amor ao destino (*amor-fati*), o homem moderno nega a vida terrena (real – justificável na transvaloração dos valores) em favor de uma vida celeste (virtual – ideal utópico).

A análise da gênese dos valores estabelecidos nos escritos de *Além do bem e do mal* e, principalmente, em *A genealogia da moral*, segundo Nietzsche, permite-nos compreender o quanto esses valores são forjados. Ou seja, a construção histórica e psicológica dos valores teve por intenção garantir que a mediocridade e a uniformização do homem comum se estabelecessem na vida em sociedade, denominada por Nietzsche *vida de rebanho* (Nietzsche, 2009). Contrária a tudo o que é nobre nos indivíduos, a vida gregária, ou o pastoreio dessa condição de existir, é o que a moral do rebanho (moral de escravos) procura a todo o momento validar. É justamente em oposição a esse modo de viver, instaurado pelos valores sociais modernos (leia-se "cristãos"), que Nietzsche impõe sua filosofia, ou a sabedoria de Zaratustra com seu além-do-homem.

1.3
Marxismo

A *filosofia marxista*, que surgiu a partir dos trabalhos de Friedrich Engels (1820-1895) e Karl Marx (1818-1883), no final do século XIX e início do XX, tem significativa influência nas relações políticas, sociais, econômicas, culturais e de trabalho até os dias atuais. Tão somente isso já poderia servir para justificarmos a importância e envergadura da produção filosófica desses pensadores. Com a crítica ao sistema hegeliano, Engels e Marx possibilitaram que as gerações futuras pudessem encarar de forma crítica as ideologias que formam qualquer estrutura (superestrutura ou infraestrutura), seja política, seja social, seja doméstica.

1.3.1 A crítica de Marx à filosofia de Hegel

Para Marx, o papel da filosofia diverge grandemente daquilo que é descrito por Hegel, uma vez que este entende a história e o homem de um modo oposto ao que Marx acredita ser o real. Segundo Lukács (2003), para Marx, a história do homem só se verifica por meio do **trabalho**.

Embora a filosofia marxista se desdobre em vários campos, quatro aspectos são comumente explorados: o **econômico**, o **político**, o **sociológico** e o **filosófico**. Este último, por questões óbvias, é o que mais detalhadamente nos interessa. Todavia, é importante ressaltarmos o quanto esses quatros campos se relacionam e interferem uns nos outros.

Karl Marx, em grande parte de seus textos, contou com a parceria de F. Engels. Ambos, após se distanciarem da esquerda hegeliana, tiveram seus trabalhos focados em oposição às teses de Hegel, isto é, contrários à esquerda hegeliana, ao socialismo utópico e às proposições de Proudhon. Não se trata simplesmente de oposição a essas teses já estipuladas; o trabalho de Marx opõe-se aos seus debatedores por meio de uma reelaboração de conceitos e termos de acordo com aquilo que ele concebia como sendo o **método dialético** (do qual trataremos de modo mais aprofundado a seguir).

Em concordância parcial com Feuerbach, Marx admite a criação da entidade divina pelo homem, mas não deixa de questioná-la, perguntando-se sobre o que leva o homem a criar Deus. Seu entendimento é de que a miséria real incide na ideia criadora de um Deus. Desse modo, a busca para suprimir a miséria espiritual (inventada ou idealizada) pode ser vista como uma esperança de remediar a verdadeira miséria humana (Marx, 1997).

Criticando o plano teológico e seus desdobramentos, Marx (2004) estipula as bases para a crítica da alienação do homem. Para ele, o indivíduo é alienado de várias maneiras: no projeto de humanidade, na relação com os outros indivíduos, na relação com a natureza. A alienação do homem é marcada, principalmente, por sua relação com o trabalho. A sobrevivência despersonifica o valor autêntico da humanidade, isto é, a dignidade humana é surrupiada do homem quando ele é alienado. De acordo com Marx (2004), como causas da alienação humana, temos a **propriedade privada** e a **divisão do trabalho**, que resultam na falência do espírito e do corpo.

Saber a origem desse estado da humanidade permitiria conhecer e operar tarefas que promoveriam a transformação das condições sociais estipuladas historicamente. Nesse sentido, Marx propõe seu método de **materialismo histórico**, o qual, juntamente com o **materialismo dialético**, representaria o emprego do entendimento e as bases das mudanças a serem operadas na transformação da humanidade alienada (Lukács, 2003).

1.3.2 A obra: O capital

Em *O capital*, Marx apresenta a teoria que propõe a superação da burguesia pelo proletariado, bem como o decisivo conceito de *mais-valia*, o qual determina o **valor real** e o **valor ideológico** de determinada mercadoria. De acordo com esses valores, a força de trabalho que envolve a produção é tomada de forma material e ideológica (quando alienada).

A parceria entre Marx e Engels rendeu a ambos uma extensa lista de publicações importantes. Na obra *A sagrada família*, opuseram-se à esquerda hegeliana e a Bruno Bauer (teólogo da Universidade de Bonn). Juntos escreveram *A ideologia alemã* e *Teses sobre Feuerbach*, textos de 1845. Assumindo uma posição contrária à de Proudhon, escreveram também *Miséria da filosofia: resposta à filosofia da miséria de Proudhon*, trabalho no qual criticam o socialismo utópico desse autor e propõem, em substituição, o socialismo científico. Requisitados pela Liga dos Comunistas, em 1848, Marx e Engels compõem o *Manifesto do Partido Comunista*.

Radicado na Inglaterra e com o auxílio econômico de Engels, Marx destinou-se ao estudo aprofundado de algumas teses, já consagradas cientificamente, a respeito de aspectos econômicos, políticos, históricos e sociológicos. Esse estudo possibilitou que produzisse o primeiro volume da obra *O capital* (1867); os outros dois volumes dessa obra foram publicados em 1885 e 1894, após sua morte.

Marx reconhece a teoria de Hegel no que concerne às proposições que visam ao questionamento da totalidade, feito com base no entendimento gerado pelas oposições (tese, antítese e síntese). Concorda, portanto, com a validade do aspecto dialético como método. Todavia, para Marx, o plano ideal que Hegel reivindica (espírito absoluto) não é onde, de fato, se resolvem os problemas reais. Nesse sentido, Marx insiste no aspecto material (materialismo histórico) para levar a cabo as questões problemáticas.

Segundo Marx (2004), Hegel e os demais filósofos que seguem seu estilo interpretam o mundo às avessas, uma vez que seguem uma ideologia que permite a formulação errônea do entendimento das coisas. Para Marx (2008b), Hegel não percebeu (ou não quis admitir) que as instituições humanas (o sujeito, o direito, a política, o Estado etc.) são construções históricas e factuais (empíricas) e que, ao tomá-las como verdadeiras em si mesmas, ele perpetuou o erro ao mantê-las como estão, já que interpreta as coisas do mundo como se fossem dadas por si mesmas.

A oposição de Marx e Engels à filosofia de Hegel é chamada de *esquerda hegeliana*. Outros pensadores também criticaram os textos e noções hegelianos, mas apenas Engels e Marx se destacaram, porque não restringiram suas críticas e análises apenas a Hegel e à chamada *direita hegeliana* (composta por filósofos que seguem ou defendem as teses de Hegel).

A questão central criticada por Marx em relação à esquerda hegeliana é o fato de esta adotar um caráter eminentemente especulativo ao realizar sua defesa. Assim, para Marx (2008a), o contraste entre o idealismo da direita e o materialismo da esquerda hegeliana não ultrapassava o campo teórico. Era apenas formado por meras conjecturas e propostas divergentes que não chegaram a questões práticas. Ambas as correntes não promoveram uma transformação no plano prático; apenas discutiram e especularam a respeito da vida e das instituições humanas, não se atrevendo a mudá-las.

A discussão realizada pelo idealismo da direita e pelo materialismo da esquerda, segundo Marx (2008a), representou apenas um embate filosófico que jamais alcançou o âmbito da realidade vivida. Há, em ambas as correntes, um abismo entre teoria e práxis que Marx buscou suplantar.

Em *Manuscritos econômicos filosóficos* (1844), Marx criticou economistas consagrados, como Adam Smith e David Ricardo, afirmando que não é uma mera ordem técnica, no que se refere à fertilização do solo, que seria capaz de definir a produtividade valorativa da terra, uma

> O materialismo histórico é a garantia de que as ideias de uma dada sociedade são, na verdade, frutos do sistema de produção, refletindo sua economia política.

vez que "a renda da terra é estabelecida pela luta entre arrendatário e proprietário fundiário. Por toda a parte encontramos reconhecidas na economia nacional a oposição hostil dos interesses, a luta, a guerra, como o funcionamento da organização social" (Marx, 2008b, p. 64).

A noção de *valor de mercadoria* deve se pautar na quantia de trabalho social empregado para produzir um objeto (coisa). No entanto, se, para os economistas clássicos, a relação de produção no trabalho era tida como relação homem-coisa, ao contrário, para Marx, o que estava em jogo era a relação entre homens que empregavam sua força de trabalho na construção de um objeto. Por isso, a razão entre riqueza e operário é inversa em relação à produção. Em outras palavras, a riqueza se efetiva mediante a expropriação (ou desvalorização) das forças de trabalho do homem. Assim, conforme Marx (2004), a alienação do homem trabalhador (operário) se dá pelo seu empobrecimento em vista da riqueza do capital.

Com base somente na propriedade privada, o capital dita leis e regras de produção. O problema da origem da economia política não foi compreendido pelos clássicos, segundo Marx. A explicação do jogo econômico foi feita como se as coisas em si mesmas – propriedade privada, proletariado, capital – fossem admitidas sem explicação de sua origem (Marx, 2008b).

Ao definir o capital como privatização do produto do trabalho de outro, Marx buscou explicitar a gênese da propriedade privada e de outras instituições econômicas, mostrando que a situação social, tal como se apresenta, em classes divididas, é instituída historicamente, e não por si mesma, como preconizavam os clássicos. Como o homem é expropriado pela privatização do trabalho, o indivíduo que produz o objeto se aliena. Na doação de si para conceber a coisa, deixa de possuir a si próprio e, por isso, não pode adquirir o que produz.

A teoria da alienação fundamenta o materialismo histórico. De acordo com Marx (2008a), o modo de pensar (as ideias) e a consciência de determinado período histórico configuram-se a partir das ideias dominantes, que, por sua vez, são fruto das mentes que regem a economia e os modos de produção. Assim, a estrutura econômica (material) termina por ditar a consciência da superestrutura social (ideológica). Isso se mostra em *A ideologia alemã*. A vida (*in concreto*), material no qual se fixa a produção, é a base do pensamento e da conduta dos homens em dado período histórico.

A transformação ou o desenvolvimento dos meios de produção funcionam, para Marx (2008b), como condições para a mudança e o estabelecimento de novas ideias de dominação. Marx entende que o ser do homem (sua essência) se caracteriza pela atividade produtiva. Ao produzir os meios para atender às suas necessidades mais elementares, surgem outras necessidades. Sanadas as necessidades básicas (comer, vestir etc.), aparecem outros bens necessários, de cunho espiritual, por assim dizer. É por meio da constatação de que alguns apenas conseguem atender às necessidades básicas enquanto outros podem ir além disso que verificamos a divisão do trabalho. Com base nas atividades que desenvolvem, há a criação de duas classes, uma a viver do fruto do trabalho da outra.

O trabalho como força empregada na transformação da natureza, para melhor servir ao homem, serve para verificação da história concreta dos indivíduos. Quando as condições de existência material estão garantidas, o emprego da força de trabalho passa a ser intelectual, sobrepondo-se ao trabalho daqueles que somente conseguem atender às necessidades essenciais do ser humano.

Contudo, é preciso deixar claro que o trabalho intelectual não seria possível sem o trabalho de base. São as condições históricas da vida material, ao engendrarem os meios de produção para a existência, que permitem e transformam as produções e ideias de um dado período histórico. Aquilo que a moralidade, a religiosidade ou a filosofia de uma época expressam em ideias (ideologia) é tão somente um pensamento em defesa de um tipo de produção econômica já estabelecido.

O materialismo histórico é a garantia de que as ideias de uma dada sociedade são, na verdade, frutos do sistema de produção, refletindo sua economia política. Por isso, as mudanças ou a permanência da estrutura econômica de produção viabilizam as transformações ou consolidam a superestrutura ideológica de uma sociedade, uma vez que visam justificar o sistema produtivo já estruturado.

É preciso frisar, entretanto, que o materialismo histórico marxista é, ao mesmo tempo, **materialismo dialético**. Isso significa que o homem alienado historicamente (fisicamente) busca se opor às condições que o oprimem. Ao buscar negar aquilo que o faz alienado, ele procura se autoafirmar. Contradizendo a realidade da situação em que se encontra, o homem sai do plano meramente das ideais (ideal ou teórico) e passa a agir no plano real (âmbito prático dos fatos). A autoafirmação em relação à situação vivida lança as bases para a transformação social, possibilitando, segundo Marx e Engels (2002), o desenvolvimento histórico humano.

O materialismo dialético surge por meio das **teses** estabelecidas pelas forças da classe dominante, as quais sofrem resistência das **antíteses** da classe dominada. Tal dinâmica faz com que desse jogo de forças surja a **síntese**, estabelecendo um novo plano de relações sociais, que, novamente, sofre o mesmo jogo de forças.

1.3.3 Luta de classes

Durante toda a história da humanidade, a oposição entre opressores e oprimidos constituiu a marcha da revolução. A oposição como luta entre classes que procuram sobrepor-se e autoafirmar-se engendra transformações e promove o desenvolvimento da vida social humana. Conforme Marx e Engels (1997) no texto do *Manifesto do Partido Comunista*, a luta de classes é tida como a mola propulsora da sociedade.

Na luta de classes, de um lado, há o movimento que se encerra no seio de uma sociedade e garante a permanência da estratificação social tal como é; de outro, há o movimento que almeja a mudança do estrato social. Para Marx (2008b) tais lados são representados, respectivamente, pela **burguesia** e pelo **proletariado**.

O proletariado é composto por homens que vendem sua mão de obra, sua força de trabalho, e que, fazendo parte da massa de trabalhadores assalariados, estão a serviço do capital burguês. Por sua vez, a burguesia faz parte da classe social opressora, que, por ser detentora do capital a ser investido no processo de produção, obriga o trabalhador a produzir a mercadoria. Em todas as fases do processo econômico, a mercadoria produzida termina por beneficiar quem é o dono do capital. De acordo com Marx (2008b), o capitalista burguês, desde o início até o

> Durante toda a história da humanidade, a oposição entre opressores e oprimidos constituiu a marcha da revolução.

fim do processo produtivo, é quem dita as regras na luta injusta travada entre os operários, oprimidos, e os burgueses, opressores.

1.3.4 Conceito de mais-valia

O conceito de *mais-valia* é essencial para compreendermos a teoria econômica marxista, pois corresponde, no entendimento de Marx (2010), ao modo como o proprietário burguês se apropria da força de trabalho do operário proletariado, alienando-o e renegando-o ao substrato social na condição de oprimido.

Para entendermos o conceito de *mais-valia*, precisamos ter em mente que o capital é subdividido em dois gêneros: o **capital variável** e o **capital constante**. O primeiro sofre alterações a todo momento, enquanto o segundo não se altera, sendo mais fácil de estipular seu valor. O capital constante é aquele que é investido na compra de maquinário e matéria-prima, enfim, dos bens duráveis da produção. Já o variável é o dinheiro gasto na contratação da mão de obra dos trabalhadores. Assim, o proprietário, para obter lucro, investe seu dinheiro (capital) em duas frentes (constante e variável). Mas, diante disso, onde se encontra a mais-valia?

O conceito de *mais-valia* está relacionado ao capital variável. Ao contratar a força de trabalho do operário, o proprietário passa a ser dono da mão de obra do trabalhador. Ele paga ao operário pelo tempo do uso de sua força de trabalho (que é a sua mercadoria) na elaboração de um produto. Contudo, o operário desconhece que o proprietário burguês, ao se apropriar do trabalho alheio, obtém lucro sobre um trabalho que não é o dele. As horas que o operário gasta para elaborar um produto permitem ao proprietário estipular o quão lucrativo pode ser o investimento nesse capital variável. Um proprietário burguês, por exemplo, ao contratar um operário para trabalhar oito horas na produção de uma mercadoria, paga ao seu trabalhador, na verdade, somente quatro horas de seu trabalho. As quatro horas restantes entram como lucro sobre o capital variável: eis a mais-valia (Lukács, 2003).

Em *O capital*, de 1867, Marx tem como objetivo demonstrar que o valor da mercadoria é determinado mediante o trabalho empregado para produzi-la. Assim, para produzir dada mercadoria, é necessária determinada quantia de trabalho. É justamente o tempo socialmente empregado na produção de algo, ou seja, o emprego da força de trabalho na elaboração de uma mercadoria, que determina seu valor.

A troca de mercadorias por outras, ou a troca de mercadoria por moeda, somente é possível porque somos levados a pensar em um valor comum para determinado produto. Porém, é preciso lembrar que a mercadoria é fruto do trabalho humano. Desse modo, as relações de troca ou compra e venda de mercadorias não são propriamente relações entre coisas. Antes de tudo, trata-se de relações entre aqueles que as produzem e as comercializam. Portanto, a relação de troca ou compra e venda de produtos é, em primeiro plano, uma relação humana (Lukács, 2003). Desde o nível mais elementar da produção – na qual também se insere o trabalho intelectual – até a última instância da cadeia produtiva, quando o produto chega ao seu destino, que é o consumo, a mercadoria é cercada por um caráter antropológico.

As bases lançadas pelo pensamento de Marx e Engels influenciaram, decisivamente, o desenvolvimento filosófico posterior. Atualmente, alguns modelos de construções sociais se fundam em noções marxistas, como é o caso dos países de cunho comunista ou de algumas repúblicas socialistas.

Mais do que tomar partido, favorável ou contrário, aos exemplos marxistas, devemos ser capazes de identificar as teses que sustentam a validade dos discursos praticados por este ou aquele grupo, a fim de tornar explícito o que há de ideológico e de real por trás deles. Os discursos sociais sempre se colocam a favor da sociedade; no entanto, é sempre pertinente nos questionarmos: a favor de qual sociedade?

Síntese

Neste capítulo, abordamos a filosofia de Schopenhauer, Nietzsche, Marx e Engels sob a perspectiva da crítica ao idealismo. Verificamos como todos os filósofos mencionados se opõem à visão filosófica que mantém um foco meramente teórico ou especulativo. Com Schopenhauer, buscamos compreender que a vontade e a representação são os elementos por meio dos quais conhecemos e organizamos o mundo. Desse modo, nossa prática de vida é resultado do modo como representamos as coisas com as quais nos relacionamos, embora exista uma vontade cósmica que termina por encerrar a vontade individual dos seres e suas representações de mundo. Já com a filosofia de Nietzsche, observamos que a noção de que a vida seria o maior dos valores permite relativizar todos os demais valores. Nesse sentido, a última fase dos escritos nietzschianos procura oferecer a imagem ideal de alguém que superou todos os valores em favor da vida – trata-se da transvaloração dos valores pelo "além-do-homem", transfigurado no personagem de Zaratustra. Por fim, com Engels e Marx, nossa análise nos levou à compreensão de que as teorias do materialismo histórico e do materialismo dialético mostram que as relações sociais, econômicas e sociais estão inseridas em um constante conflito de interesses que separa a burguesia, a qual detém o capital, do proletariado, o qual detém a força de trabalho.

Indicações culturais

Livro

HUXLEY, A. **Admirável mundo novo**. Tradução de Vidal de Oliveira, Lino Vallandro. Rio de Janeiro: Globo, 2001.
Uma humanidade cultivada por seleção genética e organizada socialmente de modo estático é o pano de fundo que serve de

discussão para o que propõe a obra. Em tal sociedade, os desejos e apetites humanos são retratados com a máxima fruição, o que leva o protagonista ao questionamento ético.

Filmes

APOCALYPTO. Direção: Mel Gibson. EUA: Fox Films, 2006. 139 min.

Uma civilização plenamente desenvolvida para o período histórico retratado na obra (final do século XV e início do XVI) aprisiona outras civilizações militarmente inferiores. A questão central é, em face das situações que se instauraram, provocar a discussão sobre quem é o civilizado, quem é o mais forte ou melhor.

LÉS MISÉRABLES. Direção: Tom Hooper. Reino Unido: Paramount Pictures, 2012. 156 min.

Baseado na obra homônima de Victor Hugo, a trama nos leva a questionar a condição da vida humana. O protagonista e seu rival nos remetem a distintas concepções sobre as noções de dever e honra. A produção industrial e a guerra são outros dois motes para apresentar a sociedade francesa diante dos ideais da revolução.

O DEMOLIDOR. Direção: Marco Brambilla. EUA: Silver Pictures, 1993. 115 min.

Uma sociedade sem crimes e sem pobreza – assim é retratada a cidade de San Angeles em 2011. Contudo, no subsolo dessa cidade, aqueles ditos "não cidadãos" foram banidos e condenados a viver em um mundo inculto e violento, segundo o idealizador da cidade. Trata-se de um ótimo enredo para refletirmos sobre como os valores de bem e mal, certo e errado são criados.

Atividades de autoavaliação

1. Assinale a alternativa que possibilita entender que a vontade cósmica está presente em nós e por nós se manifesta:

   a) A vontade de viver é o que melhor exemplifica o agir da vontade cósmica em nós.

   b) A vontade de morrer é o que melhor exemplifica a força atuante da vontade cósmica sobre nós.

   c) A vontade do nada é o que melhor explica nossa não relação com a vontade cósmica, pois, segundo Schopenhauer, o cosmo nada sabe e nada quer.

   d) A vontade de querer é a mais débil (fraca) força e não pode ser algo relacionado com a vontade cósmica.

2. Por que a vontade, para Schopenhauer, é um impulso irracional? Escolha a(s) alternativa(s) que responde(m) corretamente à questão:

   a) Porque a vontade está sempre saciada, e nunca pede mais além do que já possui.

   b) Porque, mesmo sendo momentaneamente saciada a vontade continua sempre a condicionar, até a exaustão, o objeto (o ser), que é seu produto.

   c) Porque, mediante a realização da vontade, o sujeito se esgota por completo; somente a arte e a ascese rompem com o despotismo da vontade.

   d) Porque, quando realiza a vontade, o sujeito fica em paz consigo mesmo, não pensa em mais nada e jamais sente essa vontade novamente.

3. Assinale a alternativa que melhor explicita o sentido da "morte de Deus" para Nietzsche:

a) Deus não quer a continuidade das tradições que oprimem.

b) Não há mais valores sólidos nos quais se possa fundamentar a verdade dos discursos, sejam eles morais, sejam científicos.

c) Todos os discursos são fundamentados e têm sua verdade garantida mesmo se Deus não existir.

d) É preciso cultuar vários deuses; não pode haver o monopólio da fé em um só.

4. Assinale as alternativas que melhor **se opõem** ao conceito de *além-do-homem* de Nietzsche:

a) O homem comum.

b) O melhor dos homens.

c) O homem do amanhã.

d) Animal de rebanho.

5. Como a noção de *mais-valia* determina as relações de capital e trabalho? Assinale as duas alternativas que encerram a definição desse conceito marxista:

a) A mais-valia, segundo Marx, acontece quando uma mercadoria vale mais do que outra pelo preço demarcado na etiqueta. Isso indica que seu valor é maior por simples constatação numérica.

b) A mais-valia determina, em uma mercadoria, seu valor real e seu valor ideológico.

c) A mais-valia acontece quando a força de trabalho na produção é tomada de forma material e ideológica, indicando que, nesta última, o preço agregado é parte do lucro do capitalista sobre a mão de obra trabalhadora.

d) A mais-valia diz respeito aos bons lucros que o capitalista empregador espera receber do produto que fabrica. Assim ele pode melhor distribuir a renda entre os trabalhadores que lhe prestam serviço.

Atividades de aprendizagem

1. Como caracterizar a representação por meio do sujeito e do objeto?

2. O que significa o princípio de razão suficiente? E quais são seus desdobramentos?

3. Explicite, com um exemplo, o modo pelo qual intuímos a vontade.

4. Explique como e por que a arte pode anular, ainda que momentaneamente, a vontade.

5. Como explicar o pessimismo de Nietzsche para com a vida e, ao mesmo tempo, a defesa que fez de uma vida autêntica? Qual é o papel do impulso dionisíaco nisso?

6. Segundo Nietzsche, qual é a acusação que pesa sobre a filosofia socrático-platônica?

7. Em sua opinião, como poderia ser entendida, na sociedade atual, tumultuada pelo fanatismo religioso, a afirmação de Nietzsche reproduzida a seguir?

"Deus está morto! Deus continua morto! E nós o matamos!" (Nietzsche, 2001, p. 148).

8. Elabore um mapa conceitual sobre a teoria de Nietzsche que tenha como ponto central o conceito de *além-do-homem*.

9. Qual é a principal crítica de Marx à filosofia que o precedeu?

10. O que devemos entender por *materialismo histórico*?

11. Explique por que o materialismo dialético pode ser constatado a partir da luta de classes.

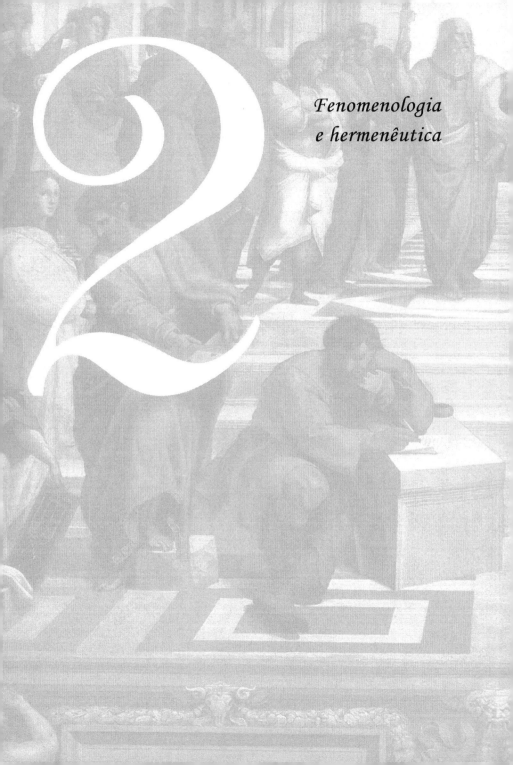

2

Fenomenologia e hermenêutica

Neste capítulo, trataremos das correntes filosóficas fenomenológica e hermenêutica, esta última com base nas contribuições de Martin Heidegger. Concentraremos nossos esforços, principalmente, em discorrer sobre o surgimento da investigação filosófica da fenomenologia por meio do método de suspensão do juízo de Edmund Husserl e sobre o desdobramento das análises de Max Scheler, as quais contribuíram para o campo da filosofia moral.

2.1

Fenomenologia

Para os fenomenólogos, o construto da filosofia terá somente bons frutos se partir de dados dos quais não se pode duvidar: **dados evidentes**. A partir de fenômenos que não possamos negar, segundo a fenomenologia, é que se constitui a base de nosso saber sobre as coisas. Segundo Husserl (1990), trata-se da evidência apodítica*.

No intuito de encontrar tais evidências, seria necessária, para a fenomenologia, a suspensão do juízo** (*epoché*), descartando-se de início tudo o que não for apodítico e o que parecer controverso. Por essa via, alçaríamos, posteriormente, somente os dados que não podem ser negados, pois o método da *epoché* constata como *resíduo lógico* (expressão empregada por Husserl), como **essência eidética*** aquilo que se buscava (Husserl, 1990). Com esse método, seria possível perceber que a **consciência** é evidente, sendo a pedra de fundamento de tudo aquilo que conhecemos (Husserl, 2001).

Por meio da evidência da consciência, a fenomenologia busca a descrição do que se entende por *modos tipos*, ou seja, de como os

---

*   Apodítico é todo argumento demonstrativo, que assim é organizado por necessidade lógica da relação dos termos de uma proposição.

**   A suspensão do juízo significa não aceitar ou refutar, negar ou afirmar de pronto (subitamente) aquilo que se quer investigar.

***   São as ideias essenciais. Trata-se do *noumenon* ou da coisa em si kantiana, o ser mesmo da coisa, sem o qual não seria aquilo que é. A essência torna a coisa aquilo que é. De modo simplista, para entendermos a essência de algo, podemos pensar em um bolo de baunilha; existe uma qualidade **essencial** para que o bolo de baunilha exista. Para fazê-lo, são necessários ovos (que podem ou não fazer parte do bolo), leite (que pode ou não fazer parte do bolo), fermento (que pode ou não fazer parte do bolo) e, **essencialmente**, essência de baunilha, da qual não se pode prescindir, pois, sem ela, o bolo seria qualquer outra coisa, menos um bolo de baunilha.

acontecimentos e os objetos são apreendidos na consciência. As **essências eidéticas** dizem respeito a como os fatos e as coisas da realidade se apresentam à nossa consciência (Husserl, 2001). Tal percepção enseja a problemática de que, por um lado, os fatos e as coisas parecem ser impostos à consciência, que, intencionalmente, submete-os à interpretação; por outro lado, a consciência parece constituir e projetar, intencionalmente, os acontecimentos e as coisas a fim de interpretá-los em seu interior.

O fenomenólogo se volta à essência das coisas, o que implica que, em sua investigação, a ideia intrínseca das coisas e dos acontecimentos deve aparecer como evidente. Desse modo, ao fenomenólogo não interessa o acontecimento ou o objeto *homem*, mas o que há de evidente na ideia de *humanidade*; não lhe preocupa a noção de bom e mau moral, mas, antes, o questionamento do que seja a moralidade em si mesma.

2.1.1 *Edmund Husserl*

Edmund Husserl (1859-1938) define a fenomenologia como a doutrina universal das essências, em que se integra a ciência da essência do conhecimento (Husserl, 1990, p. 22), a qual, por seu turno, tem como invariável *qualitas* a intencionalidade (Husserl, 2001).

A suspensão do juízo (*epoché*) é necessária, segundo Husserl (1990), para se proceder em matéria fenomenológica. Esse método permite ao fenomenólogo não admitir, como ponto de partida, nada daquilo que não for evidente (Husserl, 1990).

Assim, posicionando em suspenso todos os conhecimentos (filosóficos, científicos) e as crenças do senso comum, a fenomenologia coloca a si mesma a tarefa de erigir um edifício filosófico rigoroso sobre novas bases, por meio da pedra angular que é a consciência. Essa é a única ideia que se sustenta diante da *epoché*. Para Husserl (1990), a consciência se sustenta a si própria – "ela não precisa de nada para existir" (Husserl, 2001, p. 163). É a consciência que constitui o mundo.

A **intuição eidética** é o tipo de termo ou proposição universal e necessária (apodítica) que difere das proposições resultantes por indução da experiência. Ela permite a compreensão de que intuir sobre dados (concretos) é distinto de intuir sobre a essência das coisas mesmas. Sobre isso, Husserl insiste em afirmar que, quando intuímos a partir de dados, intuímos de modo contingente. Por exemplo, o solo de guitarra é um som captado pelos ouvidos. Mas ele poderia ser qualquer outro som, poderia vir da viola, do baixo etc. Contudo, independentemente de onde provêm os sons, há algo comum a todos eles: a sonoridade, que é a sua essência. A sonoridade é tudo aquilo que o som manifesta, sendo comum aos mais variados tipos de sons, e isso é evidente. Eis, então, a intuição eidética, que reduz à essência (ideia universal constituída na consciência) todos os fenômenos que se apresentam à nossa consciência (Dartigues, 1973).

O fato sempre é compreendido para além dele mesmo (fato); intuído, portanto, como essência. Sempre que apreendemos algo pela experiência, nós o fazemos por meio de acontecimentos que podem se dar de diversas maneiras. Também apreendemos aquilo que nunca muda nos diferentes acontecimentos, ou seja, sua essência. Conforme Husserl (1990), isso é a intuição eidética: aquilo que é universal e necessário (essências) se apresenta nos objetos e nos acontecimentos de modo particular (contingente).

Husserl entende que as essências correspondem aos modos típicos dos fatos que aparecem (tornam-se fenômenos) a nós. A intuição eidética indica que o conhecimento que obtemos a partir das essências não é mediado por nenhum dado (*in concreto*), pois, se assim fosse, estaríamos abstraindo os dados sensíveis, assim como os empiristas entendem a intuição. Todavia, para Husserl, a intuição das essências corresponde à intuição pura (*a priori*, em termos kantianos) daquilo que, por assim dizer, está por trás dos fatos e os fundamenta. É necessário conhecer intuitivamente a ideia (essência) de uma coisa ou acontecimento para poder compará-la às demais coisas e verificar se são semelhantes ou distintas. Na fenomenologia, entende-se que as essências (ideias) não são reais, mas nos permitem identificar as situações e os objetos do saber e distinguir a multiplicidade de coisas e momentos; possibilitam a sistematização do conhecimento dos objetos e dos fatos. Isso, evidentemente, segundo nossa consciência racional (Dartigues, 1973). Com a pretensão de ser considerada como ciência das essências, a fenomenologia tem por meta o estudo dos fenômenos com vistas à descrição exata dos modos típicos (essências) por meio dos quais os fenômenos se apresentam na consciência.

Assim, tendo por objeto de análise as essências, a fenomenologia parte da experiência fenomênica de fato. Contudo, ela pretende demonstrar que os dados experimentados pelos sentidos têm, em sua multiplicidade, uma única constituição, uma essência que nos possibilita sistematizá-los em nossa consciência.

O caráter intencional da consciência é tomado por Husserl com importância decisiva para o método fenomenológico, uma vez que ter consciência é estar ciente de algo. Na percepção, na imaginação, no pensar ou na recordação, sempre é o **sujeito** que percebe, que imagina, que pensa ou recorda um **objeto**, que, por seu turno, é diferente do sujeito. A diferença entre algo percebido (objeto) e quem o percebe (sujeito) é uma distinção imediata. Desse modo, sujeito e objeto são os dois polos que estabelecem relação na percepção de um fenômeno (Husserl, 2001).

Para Husserl (2001), é importante distinguir como o objeto se presentifica a nós como aquilo que ele é de fato. A distinção é o mesmo que saber dizer que aquilo de que temos consciência (o que Husserl chama *noema*) é diferente da consciência em si própria (chamada *noese**).

A consciência (noese) opera sobre os noemas, isto é, sobre os objetos e os acontecimentos e, também, sobre as essências. Isso significa que os frutos de nosso conhecimento (de nossa vida) são resultado do processo da consciência, com efeito, de um "eu" consciente que pensa, julga, ama, sente dor etc. Para Husserl (1990), é a consciência que forma as coisas como nós as conhecemos e experimentamos.

Portanto, o fenômeno, para Husserl (2001), não é mera aparência que se opõe à coisa em si, mas fonte de conhecimento do qual intuímos essências. É diante disso que esse pensador pode afirmar seu princípio supremo da invocação fenomenológica, que convoca a filosofia a voltar à realidade das coisas. Logo, em toda experiência evidente por nós constatada, algo que se torna passível de ser conhecido nos é apresentado originariamente. Assim, tudo o que se apresenta a nós de modo original ao intuirmos deve ser assumido tal como nos é apresentado, porém dentro da limitação que o fenômeno permite (Husserl, 2001).

2.1.2 Max Scheler

A habilidade humana em intuir essências e o repúdio pelas formulações abstratas dos filósofos teriam levado Max Scheler (1874-1928) a dirigir-se ao método fenomenológico para tratar das questões da ética.

---

*   Para Husserl (citado por Abbagnano, 2007, p. 834), *noema* significa a objetividade da vivência, "o objeto considerado pela reflexão" nas diversas maneiras com as quais esse objeto se apresenta a nós, ao passo que *noese* significa a instância subjetiva "da vivência, compreendidos por todos os atos de compreensão que visam" captar o objeto. Em poucas palavras, diríamos que se trata da distinção entre o objeto mesmo (da coisa em si mesma) e de como a percebemos (noema) e quais "operações em nosso intelecto" (noese) são acionadas a fim de apreendermos o objeto.

Contrária à ética de Kant, a fenomenologia de Scheler busca justificar o plano das ações de modo diferente do imperativo categórico kantiano. Segundo Scheler (2008b), a moral do dever pelo dever não acarreta um sentido de todo justificável objetivamente para nossas ações. A ética kantiana constitui a ética do ressentimento, pois é incapaz de dissolver a problemática do querer e da impossibilidade de alcançar – problema em decorrência da "intuição de si próprio", a qual se manifesta em todos nós (Scheler, 2008a, p. 13). A ética meramente a favor do dever termina por suprir a vida em seu real sentido.

A noção de *valor* é chave na ética de Scheler (2002), e não a noção de *dever*, como queria Kant. Para que possamos conceber o real significado do conceito de *valor*, é preciso distinguir *valor* de *bem*. Se, para Scheler (2002), os bens são as coisas que detêm valor, então o valor é a essência (aquilo que a fenomenologia de Husserl discrimina). O valor é a qualidade pela qual nomeamos algo como *bom* (Scheler, 2002).

Da teoria de Kant, Scheler adota as proposições *a priori* (necessárias e universais), porém nega que se dirijam apenas a um âmbito formal. A normatividade ética é material porque define a instância dos valores de modo concreto. Ou seja, o material das proposições *a priori* são as essências (os valores); trata-se da proposta de formar materialmente a ética do valor (essência), e não a ética do bem (coisa ou fato).

Os valores são intuídos emotivamente. Se, na ordem das coisas, nos encontramos imersos em um mundo de valores, então não nos cabe produzi-los (pois eles já estão dados). Nossas tarefas seriam o reconhecimento e a descoberta dos valores por meio da constatação evidente de que "o nada não é" (Scheler, 2002, p. 41). Esse espanto, segundo Scheler, é o que nos permite intuir essências, sendo possível estabelecermos valores.

Nossa habilidade em intuir valores (essências) não pode ser negada. Temos uma intenção sentimental na captação dos valores que nos circundam. Para Scheler (1994), querer intuir valores com o intelecto seria falta de senso, pois o entendimento (intelecto) não é a faculdade que nos permite o reconhecimento da essência valorativa. Para compreendermos as essências, precisamos recorrer à intuição emocional. Os sentimentos respondem ao modo como captamos as essências valorativas das coisas que são bens e, principalmente, ao princípio elementar (a vida) que nos é dado à consciência (Scheler, 2008b).

Temos uma espécie de ferramenta, a intuição emocional, que nos permite a captação dos valores. Nisso consiste nossa habilidade em atribuir valores objetivamente às coisas, organizando-os hierarquicamente (Scheler, 2008b). A hierarquia dos valores instituídos sentimentalmente nos coloca à frente de outros valores que se submetem à intuição sentimental de maneira imediata. Aquilo que Pascal chama de "razão do coração" é, na verdade, a intuição emocional de Scheler (Morão, citado por Scheler, 2008a, p. 19). Em resumo, a razão do coração nos impõe a via imediata para o reconhecimento dos valores e determina sua hierarquia.

2.2
Hermenêutica

O termo hermenêutica é utilizado, de modo geral, para descrever uma técnica de interpretação (Abbagnano, 2007). Todavia, a hermenêutica, em filosofia, configura-se como o campo mais apropriado para se interporem os problemas filosóficos. Desse modo, ela alcança – ao menos na teoria de Martin Heidegger, com sua hermenêutica do *Dasein* (ser-aí), e na de seu aluno Hans G. Gadamer – um ponto de inflexão maior do que simplesmente o estabelecimento de um método filosófico. Nesse sentido, a hermenêutica filosófica seria a maneira mais adequada para filosofar.

2.2.1 Hans G. Gadamer

Hans Georg Gadamer (1900-2002) publicou, em 1960, a obra *Verdade e método*, com a qual estipulou as bases para a compreensão da teoria hermenêutica. Com base na obra *Ser e tempo* (de seu professor Martin Heidegger), Gadamer elaborou indagações sob o ponto de vista da filosofia hermenêutica e da técnica interpretativa, configurando uma composição adequada para fundamentar a prática filosófica por meio da abordagem dos conceitos e proposições filosóficos.

As indagações acerca do problema de interpretação surgem a partir da constatação de que, no momento em que nos deparamos com um texto (mensagem escrita ou falada), procuramos dar sentido a ele, buscando dizer o que significa. Mas o que significa dizer que um texto tem determinado sentido? O que é interpretar um texto? Em que momento podemos estar certos de que nossa interpretação de um texto é a mais adequada? Foi por meio dessas indagações que Gadamer concluiu que a "linguagem não surge na consciência daquele que fala, e enquanto tal é mais do que um comportamento subjetivo" (Gadamer, 2002, p. 25).

Trata-se do âmbito intersubjetivo da comunicação que se estabelece via linguagem. Esse âmbito, ressaltado em vários momentos por Gadamer, instaura a necessidade da imposição da interpretação. Para a compreensão de um texto, é preciso considerar os elementos que configuram sua síntese (que deverá sempre ser retomada, como veremos adiante), a qual se dá por meio do **texto** (mensagem propriamente dita), do **contexto** (lugar, momento cultural e histórico no qual a mensagem é elaborada) do **destinatário** (aquele a quem o texto é remetido) e do próprio **intérprete** (aquele que capta a mensagem), com sua **pré-compreensão** (conhecimento prévio que traz consigo) e com suas **expectativas** diante da mensagem (Gadamer, 2002).

Tudo o que foi exposto visa nos fazer entender a complexidade envolvida no processo de interpretação e como a hermenêutica leva em consideração os sujeitos e objetos do interpretar. Por isso, Gadamer acredita que, partindo da descrição heideggeriana, elaborada sobre o círculo hermenêutico na compreensão do *Dasein* ("ser-aí"), sua filosofia pode angariar melhores fundamentos para o conhecimento.

> Esse ir e vir entre expectativas, antecipações e readequações encerra uma estrutura circular de compreensão chamada de *círculo hermenêutico*.

Por meio da exposição de Heidegger, Gadamer buscou evidenciar que toda compreensão decorre de uma interpretação circular. A maneira como atribuímos significados ao texto que se submete à nossa interpretação não decorre de uma neutralidade, uma vez que em nós está presente uma intencionalidade – antes mesmo da interpretação – que se mantém presente no modo como interpretarmos (Gadamer, 2002).

Quando buscamos a compreensão de algo, na leitura de um texto, por exemplo, estamos realizando um projeto, o qual tomamos como sendo parte de um todo. No mesmo instante, partimos de uma pré-compreensão (nosso saber prévio e nossas expectativas em relação a certos elementos que o texto há de trazer) que entra em jogo na hora de interpretarmos e compreendermos. Apenas quando nos confrontamos com o texto é que temos condições de saber se nossas expectativas correspondem ao que lemos ou se será preciso reanalisar e reavaliar nossas antecipações. Esse ir e vir entre expectativas, antecipações e readequações encerra uma estrutura circular de compreensão chamada de *círculo hermenêutico*, o qual nos impõe um confronto entre aquilo que trazemos de conhecimento e experiência e aquilo que, de fato (facticidade), se apresenta a nós como objeto a ser interpretado (Gadamer, 2002).

Desse modo, para a filosofia hermenêutica de Gadamer, devemos ter em mente que a interpretação se realiza sob condições culturais e históricas, bem como sob nossa própria constituição ao analisar o texto. Assim, devemos verificar se nossa compreensão é a mais adequada para dar sentido àquilo que interpretamos. Fica evidente, com isso, que o processo de interpretação proposto pela hermenêutica é infinito, uma vez que sempre podemos aprofundar (melhorar) nossa compreensão sobre determinado assunto, seja ele qual for. A possibilidade infinita de retomar a interpretação é tida como uma habilidade de clarificar e ampliar nossas ideias e nosso conhecimento.

2.2.2 Martin Heidegger

O filósofo alemão Martin Heidegger (1889-1976) é o expoente da filosofia hermenêutica. Sua teoria demarca essa corrente filosófica naquilo que ela tem de mais peculiar, impedindo-nos de confundi-la com outra visão de mundo. A obra *Ser e tempo*, de 1927, é o contributo mais significativo de Heidegger para a corrente hermenêutica filosófica. Nessa obra, o filósofo buscou elaborar como devemos admitir o "sentido do ser" (Heidegger, 1997, § 83).

Primeiramente, trata-se de entendermos "quem" coloca a questão sobre o ser, considerando que a consciência é "quem" se propõe à investigação existencial. O homem, para Heidegger, é primeiramente o "ser-aí" ou "ser-no-mundo" (*Dasein*) e ele é a existência. As coisas, como ferramentas (utensílios), têm seu ser definido a partir do uso que o homem ("ser-aí") faz delas.

O "ser-no-mundo" do homem, segundo Heidegger (1997, §§ 25-27), expressa o caráter constitutivo e fundamental da sua qualidade. Outra qualidade que caracteriza o homem é o "ser-com-os-outros". Não há um sujeito isolado (solipsista) dos demais sujeitos.

A manifestação do "ser-no-mundo" é determinada por sua interação cuidadosa com as coisas, ao passo que o "ser-com-os-outros" instaura-se na mediação cuidadosa para com os outros – o que torna autêntica a coexistência dos sujeitos, tendo por função auxiliá-los a ter e assumir suas liberdades e a cuidar de si próprios (Heidegger, 1997).

A terceira característica que define o homem é o fato de ele ser um "ser-para-morte". Com esse conceito, Heidegger estipula que existiria um chamado da consciência do homem que dota de insignificância sua existência; ele é chamado a ter autenticidade ao existir ("ser-no-mundo"), porém constantemente a consciência insiste em lembrá-lo de que a morte (deixar de existir) é condição perene em sua existência (Pöggeler, 2001).

Qualquer projeto em que o ser humano se lança é continuamente uma tentativa de prolongar sua existência. No fundo, o homem sabe que sua existência está fadada ao fracasso (ele vai deixar de existir). Com efeito, é justamente a consciência de "ser-para-morte" que, segundo Heidegger, leva o homem a dar à sua existência um caráter de autenticidade. Negar a morte e a realidade do "ser-para-morte" é uma atitude inverídica e covarde daquele que não suporta a realidade da existência. Mais ainda, negar o "ser-para-morte" equivale a se misturar ao aglomerado de coisas e acontecimentos do mundo carentes de sentido, não autênticos.

2.2.2.1 A realidade é angustiante

A angústia é o que determina o "ser-para-morte" heideggeriano. Como experiência nadificante – ou seja, que se apresenta ao homem como o abismo do nada dos projetos –, a angústia leva o homem a encarar seu existir de modo finito e destituído de sentido. Somente diante da inutilidade e do fracasso da vida humana é que se encontra o verdadeiro sim à vida. A coragem está em saber (angustiadamente) que nossos projetos (aquilo que intentamos fazer de nós mesmos como homens) estão limitados à nossa existência, que carece de sentido (Heidegger, 1997). Encarar o "não-ser", a possibilidade certa e perpétua do não existir, é o mesmo que dar sentido à vida, pois torna autêntico o ser do homem que sabe "ser-para-morte".

A revelação que encontramos na obra *Ser e tempo* não recai sobre o sentido do ser, mas trata do triunfo do "nada da existência". Na busca do significado do ser, Heidegger termina por vislumbrar o nada ao questionar os entes. A metafísica, até então, teria determinado tecnicamente que o ser das coisas (mesmo o homem) se constata na apresentação dos entes. Contudo, para Heidegger, isso equivaleria a considerar fisicamente a realidade das coisas e dos fatos mundanos a fim de torná-los manipuláveis e dominá-los como úteis. Nesse sentido, não se trataria de metafísica (saber para além da física). No caso do homem, tal constatação o colocaria no mesmo padrão das coisas (Stein, 2008).

O questionamento sobre a utilidade da técnica e o seu manuseio, segundo Heidegger (1997), pode ser atribuído a Platão. Com seu conceito de *verdade*, Platão instaura um processo no qual o conhecimento verdadeiro da realidade (ideias inteligíveis) permite ao homem o domínio das coisas como fenômeno (plano sensível – aparência). Heidegger entende que o modo platônico de estabelecer a verdade difere por completo do modo dos filósofos pré-socráticos, visto que, para estes, a verdade é *a-létheia**.

---

*   Na condição de desvelamento ou descobrimento ("tirar o véu", "des-cobrir"). Segundo Abbagnano (2007, p. 1185), "Heidegger insistiu no caráter da revelação ou *descobrimento* da Verdade, recorrendo mesmo à etimologia da palavra grega. Assim, por um lado insistiu no nexo estreito entre o modo de ser da verdade e o modo de ser do homem, ou ser-aí, porquanto só ao homem a verdade pode revelar-se e revela-se".

Isso significa entender que, se, para Platão, a verdade é inata – já nasce com o sujeito e está presente em sua alma – e basta ao pensamento julgar e relacionar as realidades dadas, para os pré-socráticos, pelo contrário, o processo de desvelamento das coisas é o que caracterizaria sua verdade. Com efeito, a busca pela verdade do ser, para os últimos, é um processo de desvelamento, e não algo que o sujeito já tem em si. Em Platão, de acordo com a leitura de Heidegger, não haveria desvelamento do ser, simplesmente se constata o que já existe como real.

A filosofia hermenêutica de Heidegger propõe, portanto, uma volta ao conceito da verdade como desvelamento do ser. Para alcançar o desvelar, o caminho a ser percorrido compreende o emprego da linguagem, embora a linguagem seja limitada: ela atinge as coisas somente como entes (objetos concretos), já que o ser lhe escapa; "A linguagem é a casa do ser" (Heidegger, 2008a, p. 336), mas não é o ser propriamente dito.

A única alternativa é o pastoreio do ser. Cuidar do ser é a única tarefa do homem, no intuito de que, talvez, ele desvele a si próprio. No pensar e na poesia, como linguagem autêntica, o ser poderia também se desvelar. Seriam, então, "os pensadores e poetas" guardiões da morada do ser: a linguagem (Heidegger, 1997, p. 64).

2.2.2.2 O ser e os entes

Objetivando determinar o sentido do ser, Heidegger, em *Ser e tempo*, procura fazer uma ontologia capaz de lhe assegurar seu intento. Para ele, o primeiro passo a ser estabelecido é o de o homem, como ente, colocar a questão do ser. Posteriormente, Heidegger deixará de lado essa problemática, voltando-se à análise do ser que se autorrevela. É nessa virada que consiste a revolução do pensamento heideggeriano, pois ele admite a possibilidade do ser sem a necessidade da existência do ente (Heidegger, 1988). Isso significaria dizer que o ser é independente das condições que implicam a existência – do que podemos concluir que é o ser que condiciona a existência dos entes.

Tomar o ser com sentido preciso significa tornar evidente o modo pelo qual adentramos o ser. Dito de outro modo, precisamos adentrar o ser por meio de concepções que nos permitam dizê-lo de forma clara e distinta. Dessa forma, a hermenêutica como análise do ser é a determinação necessária, pois afere o ser a partir do esclarecimento sobre o ente. O ente, sem nada a lhe encobrir (aparecendo em toda sua transparência), é o que nos permitiria o conhecimento do ser.

O sentido do ser desvela-se no ente (homem), que procura tornar transparente o que já se encontra sendo. É no homem que a questão do ser se impõe; é o "ser-aí" (*Dasein*) que coloca a interrogação sobre o ser. A situação em que o homem se encontra – o "aí" do ser – é a condição de possibilidade para o questionamento do ser.

Nesse caso, o homem não é meramente um ente (coisa que existe) entre os demais entes (Heidegger, 1988). Do questionamento sobre o ser, destaca-se a posição do homem como diverso das demais coisas que existem. Na situação de "ser-aí", as coisas se apresentam ao homem e, por isso, ele se destaca em relação a elas. O homem como "ser-aí" não é um simples existente.

Condicionado pelo "ser-aí", que é relação com as coisas que se lhe apresentam, o homem (sua essência) tem na existência seu ponto de partida para a ação. Contudo, sua posição de "ser-aí" lhe possibilita a atuação, permitindo a escolha entre duas formas: por um lado, a autoafirmação, que lhe garante a condição de "ser-aí"; por outro lado, a corrupção (o abandono de si). A primeira situação de escolha representa a conquista da posição privilegiada do homem diante das coisas (os entes). A segunda situação, a corrupção do homem, ou a perda de si mesmo, manifesta-se na sua opção pelo "ser-aí" como sendo somente um ente entre os demais (Heidegger, 1988). Tal escolha faz do homem apenas uma coisa no aglomerado de outras coisas que existem.

O homem é mais do que ente. Ele interroga-se sobre o sentido do ser e, por isso, sua existência se lança para fora do campo dos meros entes. A implicação da existência do "ser-aí" é condicionada por sua possibilidade (escolha) em lançar-se, em projetar-se para além da situação em que se encontra. Essa capacidade, para Heidegger, é a característica fundamental que constitui o homem como "ser-aí", pois ela propicia ao homem utilizar-se das coisas para projetar-se para além da situação presente. Nisso consiste a interpretação heideggeriana de "ser-no-mundo".

Nesses termos, como "ser-no-mundo", o homem pode usar as coisas como ferramentas. Sua condição como "ser-no-mundo" permite-lhe projetar ações para as quais o mundo seja dotado de sentido. É por meio da ação do homem sobre as coisas que a existência passa a estar prenhe de sentido.

"Ser-no-mundo" é o que faz o homem zelar pelas coisas de que precisa para elaborar e efetivar seu projeto de ser homem. O ser das coisas tem seu sentido estabelecido pela utilização que o homem emprega. Isso faz dele um ser que se envolve com elas, a fim de conferir sentido à ordem do mundo. É por meio disso que se fundamentam as demais situações do ser do homem, isto é, a de "ser-com-os-outros" e a de "ser-para-morte".

2.2.2.3 O tempo

Para Heidegger (1997), o futuro é a determinação temporal que mais importa, pois se trata de um horizonte aberto a possibilidades. A antecipação em lançar-se (reflexivamente) para além do presente caracteriza a perspectiva existencial suprema: é pela condição mesma de futuro a ser vivido pelo "ser-aí" que o "eu" se abre como possibilidade de ser, e não como situação que já existe.

Contudo, abrir-se para o futuro não significa abandonar as determinações do passado e do presente. Uma vez examinadas as condições e dada a situação do que no presente (hoje) nos mantém (nos prende), devemos, partindo da constatação das possibilidades, nos projetar ao futuro, com o intuito de vivenciar de forma autêntica as possibilidades do ser (Heidegger, 1997).

Em relação ao tempo, Heidegger estabelece duas possibilidades: a determinação **temporal** de forma **autêntica** ou de modo **inautêntico**. No primeiro caso, passado e presente se instauram de forma crítica, a fim de garantir o projeto de futuro – mediante as condições de existências que detêm, no "ser-no-mundo", no "ser-com-os-outros" e no "ser para morte", as prerrogativas do ser do homem – diante da certeza angustiante e abissal do nada.

Ao contrário, o modo inautêntico de assimilar a determinação do passado e do presente inibe ou impossibilita qualquer futuro autêntico para a existência do homem (Heidegger, 1988). Por insistir na determinação da realidade como domínio e exploração dos entes, o futuro determinado pela forma inautêntica de conceber o tempo revela-se um futuro que não se dá conta da angústia da existência humana em sua posição de destaque diante dos outros objetos. Principalmente, a forma inautêntica não vislumbra a inutilidade dos projetos humanos que se encaminham fatidicamente ao nada: condição perene para a qual se enevereda toda existência.

Síntese

Como vimos, a corrente fenomenológica inaugurada por Husserl mostrou-se um solo fértil para a abordagem de antigos problemas filosóficos, assim como para a questão referente à linguagem. Sobre a hermenêutica, vimos como Heidegger concede, sem nenhuma reserva, os créditos de sua inserção na filosofia à fenomenologia. Na análise dessas duas formas de filosofia, destacamos o quão profícuo é o método fenomenológico da suspensão do juízo (*epoché*) como forma de aquisição de um saber o mais imparcial possível. Também examinamos a crítica de Max Scheler sobre a moral do dever kantiano, perspectiva que nos leva a repensar a importância de nossas emoções no plano do ajuizamento moral.

Indicações culturais

Livro

HEIDEGGER, M. **Ser e tempo**. Tradução de Fausto Castilho. Campinas: Ed. da Unicamp; Petrópolis: Vozes, 2012.

Nessa obra, o filósofo alemão Martin Heidegger procura formular perguntas sobre o ser, bem como demonstrar que estas são questões possíveis e plausíveis de serem elaboradas a partir da noção de temporalidade. Essa obra filosófica, de densa formulação linguística, é um excelente modo de investigar a problemática hermenêutica e um modo profícuo de se abordar a metafísica na contemporaneidade.

Filmes

O CURIOSO caso de Benjamin Button. Direção: David Fincher. EUA: Paramount Pictures, 2008. 166 min.

A relação do homem com o tempo é explicitada por meio da história de um homem que nasce com idade avançada e morre como um recém-nascido. Trata-se de uma ótima oportunidade para refletirmos sobre como nos relacionamos com um dos fenômenos mais comuns em nossos dias: a corrupção (alteração de estado) das coisas.

MATRIX. Direção: Andy Wachowski e Lana Wachowski. Austrália/ EUA: Warner Bros. Pictures, 1999. 136 min.

Em um mundo dominado pelas máquinas, os seres humanos são "baterias" de energia que crescem em campos de cultivo. Enquanto estão conectados de corpo e mente ao sistema (a Matrix), não se dão conta da realidade em que vivem. Somente quando seus corpos/ mentes são desconectados é que conhecem a realidade sobre si e sobre o mundo. Mas o que é real? A discussão com base na dupla possibilidade de existir (como ser humano ou "bateria") é uma das formas de analisar essa obra.

A FAMÍLIA Adams. Direção: Barry Sonnenfeld. EUA: Paramount Pictures, 1991. 136 min.

Trata-se de uma comédia de humor macabro, na qual a linguagem sobre o terrível e o belo ganha interpretações diferentes das usuais. É um bom exemplo de como engendramos nossas percepções gnosiológicas, estéticas e morais sobre nós mesmos e sobre os outros indivíduos.

Atividades de autoavaliação

1. Assinale a alternativa que melhor descreve o objeto de estudo da fenomenologia:

   a) A fenomenologia é uma disciplina da filosofia que tem por objeto o ser, ou seja, tem por finalidade indagar qual é o ser das coisas. Por isso, podemos afirmar que ela é também ontologia.

   b) A fenomenologia é uma corrente filosófica que tem por objeto o fenômeno, ou seja, busca averiguar como as coisas aparecem a nós e o modo pelo qual nossa consciência dá conta de intuí-las.

   c) A fenomenologia, como disciplina da filosofia, estuda o conhecimento como um todo, isto é, tenta explicitar qual o limite do conhecimento e como ter certeza de que aquilo que conhecemos está correto.

   d) A fenomenologia é uma corrente científica, e não meramente filosófica. Ela tem por objetos única e exclusivamente as ideias da mente, não se preocupando, portanto, com os fenômenos aparentes.

2. O que significa dizer que os fenômenos são contingentes? Assinale as alternativas que melhor respondem a essa questão:

   a) Tudo aquilo que é contingente não é necessário, pois pode acontecer de outro modo.

   b) O contingente dita a relação de não verdade das coisas, pois somente é verdadeiro aquilo que pode ser de um único modo.

   c) Os fenômenos são contingentes porque a interpretação dos fatos na consciência difere quanto à capacidade de quem os apreende.

   d) Nada daquilo que é fenômeno pode ser contingente, pois tudo em ideia é essencial, e na aparência toda essência se revela.

3. Assinale a alternativa que melhor explica o conceito de *intuição emocional* de Scheler:

a) A intuição emocional é uma área cerebral do córtex que responde pela capacidade de falarmos somente com base na razão. Sem ela, podemos falar de valores econômicos e sentimentais, mas não sobre nossas tristezas e alegrias.

b) A intuição emocional é a capacidade humana de expressar valores numéricos, saber que algo pode ser somado ou diminuído a outra coisa. Não importa o sentimento de perda ou ganho.

c) A intuição emocional é uma capacidade mental que exige que as coisas concretas sejam valorizadas. Segundo Scheler, nós nascemos com um órgão que é capaz de nos fazer sentir emoção e podemos usá-lo ou não, para o bem ou para o mal.

d) A intuição emocional é uma espécie de ferramenta que nos permite a captação dos valores. Esse tipo de instrumento interno enseja nossa habilidade de atribuir, objetivamente, valores às coisas, bem como nos possibilita organizá-los hierarquicamente.

4. Assinale a alternativa que melhor explica a afirmação heideggeriana de que somente a existência nos permite pensar o ser:

a) A existência nos permite pensar o ser porque tudo o que existe na natureza é capaz de questionar o real motivo de sua vida, não importa se é animal, vegetal ou mineral.

b) A existência é a única maneira pela qual a questão sobre o ser pode colocar-se. Somente quando se percebe sendo (existindo no mundo) é que o homem pode se questionar sobre sua posição.

c) O homem é o único ser que se reconhece existindo. Por isso, ele consegue pensar sobre como sua vida poderia ser melhor, inclusive se ele não existisse. Mesmo pensando sobre uma criatura não existente, o homem não deixa de ser pensante.

d) Todos os seres vivos pensam. O pensamento não depende da comunicação e da linguagem; depende da vontade de ser e existir. Como tudo o que existe pensa, a existência precede a capacidade de pensar.

5. Assinale a alternativa que melhor define o que significa *ser autêntico* segundo o pensamento de Martin Heidegger:

a) Ser autêntico é agir de acordo com o que os outros esperam, sem se preocupar consigo mesmo, ou seja, o outro sempre prevalece, porque existir é "ser-com-os-outros".

b) Ser autêntico é agir de acordo com uma moral preestabelecida, na qual toda tradição já é dada. Como a sociedade dura mais do que o indivíduo, ele tem de aprender o comportamento vigente, pois é "ser-para-morte".

c) Ser autêntico é agir de acordo com a crítica temporal (passado, presente, futuro) em correspondência com o "ser-com-os-outros" e o "ser-para-morte".

d) Ser autêntico é agir de acordo com a própria percepção, sem precisar se preocupar com o outro. Segundo Heidegger, os outros não têm importância no modo do ser.

Atividades de aprendizagem

1. De que forma, segundo Husserl, a *epoché*, como suspensão do juízo, serve de método ao fenomenólogo?

2. Como é possível afirmar que, embora os fenômenos sejam contingentes, é a partir deles que apreendemos essências?

3. O que Max Scheler entende por *valores*?

4. Por que devemos entender que o cuidado é a relação fundamental que define o modo de operar do "ser-no-mundo" heideggeriano?

5. Como a noção de *ser autêntico* e *inautêntico* é constituída pela concepção do conceito de *tempo* em Heidegger?

6. Elabore um resumo sobre o pensamento de Heidegger. É importante que você conecte, em seu pequeno texto, os elementos centrais da filosofia heideggeriana: os conceitos de "ser aí", "ser-no-mundo", "ser-com-os-outros" e "ser-para-morte".

3 Existencialismo

este capítulo, vamos examinar a filosofia existencialista por meio do pensamento de Sören Kierkegaard, Jean-Paul Sartre e Maurice Merleau-Ponty. A corrente existencialista em filosofia postula que a existência, no que se refere ao sujeito, tem a primazia diante da essência. Dito de outro modo, os filósofos existencialistas entendem que a noção de ser humano não está em primeiro plano no que se refere ao indivíduo, isto porque, anterior à identidade humana há algo que existe. Neste sentido, a humanidade é um atributo posterior ao valor existencial. São as situações que cercam o existir do homem que o definem. Seguindo essa concepção, importa compreendermos que, em um primeiro momento, o homem existe, delimitado pelo espaço e por um período de tempo. Mediante as situações que se lhe apresentam, ele pode interagir e se desenvolver. Em um segundo momento, o ser humano pode empreender o saber sobre seu ser. É por isso que, para os existencialistas, a existência precede a essência: os problemas que cercam o existir são mais relevantes.

3.1

Sören Kierkegaard

O *existencialismo é*, para muitos filósofos dessa corrente, fruto de uma espécie de *Kierkegaard-Renaissence*, ou seja, poderíamos compreendê-lo como o desenvolvimento dos principais conceitos da filosofia de Sören Kierkegaard (1813-1855). Portanto, é evidente a influência desse filósofo dinamarquês na corrente existencialista (Abbagnano, 2007).

De modo geral, a filosofia de Kierkegaard se contrapõe à apologia do pensamento científico e às pretensões da teologia em se tornar científica, isto é, em querer provar a existência de Deus. De maneira mais precisa, o existencialismo de Kierkegaard pretende determinar as concepções de **vida estética, vida ética e existência religiosa**. Mais especificamente, segundo Abbagnano (2007), trata-se da relação do homem consigo próprio (esteticamente), da sua relação com o mundo (eticamente) e da sua relação com Deus (religiosamente).

Em ferrenha oposição à filosofia hegeliana, Kierkegaard estipula que sua categoria de indivíduo se contrapõe àquilo que Hegel descreve como *espírito absoluto**, ou à capacidade de sistematização completa de um ser por meio da consciência de si. Isso porque, para Kierkegaard (2010), a noção de *indivíduo* em toda sua singularidade, em sua peculiaridade, está para além do enquadramento em qualquer sistema. Para o filósofo dinamarquês, segundo Abbagnano (2007), o singular no indivíduo jamais se submete de forma completa a uma universalização.

---

* De modo geral, poderíamos afirmar que, em Hegel, a noção de *espírito absoluto* corresponde à habilidade intelectual de sistematizar todo o conhecimento; refere-se mais propriamente a conhecer a si próprio como consciência que domina o saber universal sobre as coisas e, ao mesmo tempo, que tem ciência de si como consciência que conhece o saber humano construído de maneira histórica (Hegel, 1992).

Outro ponto importante da filosofia existencialista de Kierkegaard encontra-se em sua contrariedade em relação àqueles que procuraram tornar o cristianismo uma filosofia. Para o filósofo, no cristianismo, a questão perene não é a da justificação de conceitos; o que realmente importa a essa doutrina é o projetar-se do homem para além como indivíduo agraciado com o dom da fé. Com efeito, se adotamos a doutrina cristã, não somos oniscientes de tudo o que vai acontecer, porém é com esperança, advinda da postura de fé, que acreditamos naquilo que deveria acontecer.

É nesse sentido que Kierkegaard (2010) afirma que os seres humanos necessitam se situar em relação a Deus, o que significa que ao homem é necessária a bravura para impor-se como indivíduo diante do divino. No relacionamento entre homem e Deus, há uma diferença infinitamente grande entre ambos. Para Kierkegaard, tal relacionamento se dá entre opostos, uma vez que se estabelece entre um Deus que tudo pode em relação à sua criação, que pode o nada. Por meio disso, Kierkegaard (citado por Abbagnano, 2007) propõe sua concepção de estado de graça – ou seja, um princípio pelo qual o homem confere autenticidade à sua existência –, o qual implica que, mediante a crença, tudo é concessão de Deus, a própria fé, inclusive, é dom (algo doado) e torna possível o existir.

Com a existência, configura-se a possibilidade de o indivíduo se colocar diante do divino, o que, para Kierkegaard (2010), leva ao entendimento de que o homem é aquilo que escolhe ser. Desse modo, nossa existência, na realidade, seria marcada pela possibilidade do nada. Deus é aquele que tudo pode, ele é onipotente, ao passo que podemos escolher ser o que quisermos. Assim, podemos escolher ser sem Deus, o que, para Kierkegaard (2010), seria escolher o nada ser, uma existência inautêntica.

3.1.1 A existência humana como angústia

Para a filosofia kierkegaardiana, a concepção de angústia é de importância cabal. Todo existir humano é permeado pelo sentimento de angústia diante das possibilidades do mundo.

A angústia é a vertigem da liberdade, que surge quando o espírito quer estabelecer a síntese, e a liberdade olha para baixo, para sua própria possibilidade, e então agarra a finitude para nela firmar-se. [...] No mesmo instante tudo se modifica, e quando a liberdade se reergue, percebe que ela é culpada. Entre estes dois momentos situa-se o salto, que nenhuma ciência explicou nem pode explicar. (Kierkegaard, 2010, p. 66)

Com base nessa noção, somos levados a entender que temos consciência como indivíduos; assim, podemos nos posicionar em relação (tornando-nos somente uma existência) aos aspectos que nos caracterizam de modo estrutural, ainda que tais aspectos estejam em conflito uns com os outros (alma e corpo, eterno e temporal) quando os investigamos em nós mesmos. Contudo, impõe-se a nós a escolha de existir por meio deles. Trata-se propriamente do modo como damos vazão à nossa existência, de acordo com a maneira como escolhemos viver, entre as inúmeras formas de existência.

O ponto central que nos angustia é o fato de termos de escolher um modo de existir. Por isso, Kierkegaard (2010) estipula que é necessário estabelecermos uma forma de existência conscientemente atrelada à possibilidade de assim nos realizarmos como indivíduos, cônscios de que essa nossa escolha é falível. Com efeito, é dessa alçada de possibilidade, ou possibilidades, que se instaura em nós a angústia.

Como indivíduos, encontramo-nos face a face com a "angustiante possibilidade de ser-capaz-de" (Kierkegaard, 2010, p. 48). Ao nos deparamos com a real possibilidade de escolha entre inúmeras possibilidades, assumimos essa liberdade cientes de que ela acarreta o risco do erro, ou seja, a possibilidade do equívoco se faz presente em nós. Assim, somos tomados pela angústia perante a condição de liberdade que temos e, diante disso, jamais escolhemos de forma indiferente. Sempre que escolhemos como direcionar nosso existir, acabamos por determinar a maneira pela qual sintetizamos nossa consciência. Esse processo se dá de forma dinâmica, uma vez que estamos em constante redefinição de nossa forma de viver.

Desse modo, somos levados a entender que a angústia se perfaz de "uma antipatia simpática e uma simpatia antipática" (Kierkegaard, 2010, p. 46), isto é, nela se encontra uma nuance de caráter afetivo. Com a angústia, por um lado, somos levados a nos perceber como seres que concretizam a liberdade de fato – com efeito, entra em jogo nossa realização própria como indivíduo (sintetizando o "eu" e a consciência). Por outro lado, verificamos a possibilidade, que nos é assombrosa, de realizarmos uma escolha equivocada e de fracassarmos ao darmos uma definição inautêntica ao nosso modo de existir.

Para o filósofo dinamarquês, a principal característica de nossa situação humana é descrita pela angústia. Todavia, a angústia não é puramente negativa, ela também tem um caráter propedêutico, ou seja, com ela também podemos aprender, visto que, "por mais fundo* que um indivíduo tenha afundado, sempre pode afundar ainda mais fundo, e este 'pode' constitui o objeto da angústia" (Kierkegaard, 2010, p. 121). Não podemos duvidar que, nesse tipo de situação, a angústia tem, de certo modo, uma função positiva. Para tanto, devemos entender que, nesse caso, ela incita uma força para extinguir a negatividade inserida pela noção de queda (pecado ou erro), ou seja, "já que ela é uma realidade indevida, deve ser negada outra vez." (Kierkegaard, 2010, p. 121).

---

* O termo *fundo* aqui remete à noção de salto para o pecado (cair do Éden ou sair da condição edênica); a queda teria o efeito de fazer o indivíduo se afundar.

O aprendizado que dela decorre tem a ver com o tipo de relação que nós buscamos estabelecer com o divino.

Assim, por meio da noção de angústia, percebemos como nós, como indivíduos, nos vemos diante das possibilidades do mundo. Já o que melhor descreve o relacionamento do indivíduo com sua consciência, segundo Kierkegaard (2010), é a noção de desespero. O desespero seria fruto de uma relação indevida, ou de um erro (pecado), na síntese do indivíduo e de sua consciência ou, ainda, da sua não relação com Deus, o que acarretaria a não aceitação do estado de graça e, por consequência, um forma inautêntica de vida.

3.2
Maurice Merleau-Ponty

As principais obras de Maurice Merleau-Ponty (1908-1961) são *A estrutura do comportamento*, de 1942, e *Fenomenologia da percepção*, de 1945. Nelas o filósofo caracteriza sua concepção de existência como o modo pelo qual o homem enfrenta o mundo. Nesse enfrentamento, o homem se manifesta como espírito existindo por meio do corpo. Dessa forma, Merleau-Ponty rompe com uma concepção dualista (corpo-alma) do homem. Para ele, a percepção somente se verifica por meio da consciência, que é manifesta em um corpo.

> *A percepção não é uma ciência do mundo, não é nem mesmo um ato, uma tomada de posição deliberada; ela é o fundo sobre o qual todos os atos se destacam e ela é pressuposta por eles. O mundo não é um objeto do qual possuo comigo a lei de constituição; ele é o meio natural e o campo de todos os meus pensamentos e de todas as minhas percepções explícitas.* (Merleau-Ponty, 1999, p. 6)

A alma e o corpo seriam modos de conduta da consciência, não substâncias diversas como querem os dualistas. Não há dualidade, nem mesmo simbiose*, ou seja, duas coisas em função de um mesmo propósito perceptivo. O que existe é o homem e sua consciência, que somente pode manifestar-se corporalmente. A percepção é a inserção do corpo no mundo, o que não faz do homem uma coisa, mas uma subjetividade (consciência) manifesta que percebe a si própria ao mesmo tempo que percebe o diferente de si (Merleau-Ponty, 1999).

O tema da liberdade, para Merleau-Ponty, tem significativa distinção em relação ao pensamento de Sartre. Para este último, o homem é fatalmente livre de forma absoluta, enquanto Merleau-Ponty vê a liberdade como constituída pelas condições que a determinam. Eis o porquê de o passado e o presente incorrerem na determinação, ainda que parcial, do indivíduo, inclusive em sua possibilidade de autodeterminação. Não havendo determinação absoluta nem possibilidade de escolha em tudo, ao homem é dada a consciência daquilo que ele percebe (Merleau-Ponty, 1999).

3.2.1 *Sou meu corpo*

Merleau-Ponty (1999) apresenta, em sua filosofia, duas características principais: a **crítica ao dualismo** e a **contraposição ao racionalismo-intelectualista**. A respeito da primeira, o filósofo demonstrou o equívoco da concepção dualista de partir de conceitos opostos (interior-exterior, corpo-alma, sujeito-objeto, coisa-consciência) – noção introduzida pelo movimento Grande Racionalismo do século XVII, o qual recusou a realidade da substância espiritual para assumir a materialidade, ideia que

---

* "Do gr. *symbíosis*, vida em comum com outro(s). 1. Associação entre dois organismos, na qual ambos recebem benefícios, ainda que em proporções diversas. 2. Associação entre dois seres vivos que vivem em comum. 3. Associação e entendimento íntimo entre duas pessoas, duas entidades, duas comunidades etc." (Ferreira, 2010, p. 1933).

deu lugar ao Pequeno Racionalismo cientificista de 1900, que equiparou a explicação científica da realidade à realidade mesma.

A respeito da segunda característica de sua filosofia, Merleau-Ponty procurou expor que o racionalismo-intelectualista incorre em uma realidade reduzida ao âmbito do espírito, tendo em mente que o ideal de racionalidade culmina em idealismo no campo filosófico e nas ciências naturais (Merleau-Ponty, 1999).

A rejeição da posição dualista que determina que o espírito não usa o corpo, mas se faz por meio dele, permite a Merleau-Ponty afirmar que o homem é a existência que enfrenta o mundo. Para Merleau-Ponty (1999), é a autoafirmação de si próprio diante do diverso das coisas que caracteriza a consciência humana. Tal constatação o leva a estipular que o homem não é nenhum objeto, já que objetos não atingem nenhum grau de consciência e não detêm o ímpeto de enfrentar o mundo.

O conceito de *corpo* é central para a filosofia de Merleau-Ponty, dada a importância do tema da percepção, a qual é a inserção do corpo no mundo. Assim, a perspectiva que o ser humano tem em relação ao mundo é instituída pelo corpo. Este, por sua vez, como mencionamos, é o meio pelo qual a consciência se faz. Nesse sentido, Merleau-Ponty (1999, p. 122) afirma que "o corpo é o veículo do ser no mundo, e ter um corpo é, para um ser vivo, juntar-se a um meio definido, confundir-se com certos projetos e empenhar-se continuamente neles".

A percepção da totalidade (como tudo aquilo que a consciência adquire para existir) não é uma possibilidade para todos os existentes, mas, de modo exclusivo, remete-se a todos os existentes para mim (Merleau-Ponty, 1999). Isso equivale a admitir que os outros têm perspectivas de mundo diferentes da minha. Assim, podemos afirmar que a existência é ambivalente, ou, como Merleau-Ponty defende, é uma existência ambígua. Segundo Merleau-Ponty (1999), a existência é caracterizada pela abertura; a covalência das perspectivas admitidas pelos corpos faz com que a existência seja plural e multiforme.

3.2.2 A liberdade e o projeto

A noção de abertura na condição existencial se dá de modo que se permita, conforme Merleau-Ponty (2006), a liberdade no plano das relações entre os homens. Para ele, a liberdade é condicionada pela percepção consciente de cada corpo, além de ser determinada pelo passado que constitui a possibilidade das percepções atuais. Assim, somos livres, e não importam as estruturas externas que tentam extinguir nossa liberdade. Contudo, por sermos física e psicologicamente formados em dado momento histórico, somos condicionados – ainda que momentaneamente, se assim o escolhermos – pelo estado das coisas percebidas. Tal fato, contudo, não incorre em aceitação (determinismo ou destino); trata-se da constatação de que o mundo atual é aquele que escolhemos e que nos escolhe (Merleau-Ponty, 1999). Com efeito, somos livres exatamente por percebermos que nossa possibilidade de abertura de mundo pode constituir um mundo diferente.

É por meio da situação atual que a liberdade se constitui, e não se encerra, o que nos possibilita constatar que, se é assim, aqui e agora, pode também ser diverso (se escolhermos e empregarmos nossas faculdades para mudar). A nossa liberdade condicionada é a capacidade que temos em constituir um mundo diferente e, talvez, melhor.

3.3
Jean-Paul Sartre

Ao adotar a consciência intencional, Jean-Paul Sartre (1905-1980) criticou a forma como havia sido proposta por Husserl. Para Sartre, a concepção idealista e solipsista de Husserl privaria a consciência de ser entendida como a forma subjetiva pela qual o mundo aparece a nós, ou seja, a subjetividade consiste na existência de um ser no mundo (o "em si" sartreano). Segundo Sartre (2007), este mundo tem seu sentido preenchido pelo ser "para-si" (consciência livre como possibilidade), que é consciente de si e dos outros.

Portanto, a constatação da consciência, em Sartre, não é idealista, pois remete à existência das coisas do mundo e se constitui em relação a outras consciências; não se forma separada de tudo e de todos.

A encarnação da consciência (o "para-si" para Sartre) no mundo (que é o "em si") é a condição da existência. Sem os objetivos do homem, o mundo e suas coisas são desprovidos de sentido. Sem o sujeito que, por meio de seus objetivos, dá sentido ao mundo contingente e desprovido de qualquer nexo, que não o mero acaso, a existência é torpe e vil (Sartre, 2007).

3.3.1 *A náusea*

Conforme Sartre (2007), ao constatar o absurdo das coisas deixadas a si próprias, o homem sente-se nauseado. A náusea seria o sentimento expresso diante da constatação de que a realidade de tudo o que existe é absurda, ou seja, não tem sentido. Não haveria nenhum valor absoluto e nenhum ente supremo que, necessariamente, determinasse o sentido das coisas. Mas como conferir sentido às coisas se somos tomados pela náusea?

De acordo com Sartre (2007), se diante do sentimento nauseante nos encontramos diante do absurdo do mundo, em sua contingência sem fim, então a consciência, que sempre é consciência de algo (neste algo mesmo que é o absurdo do real), permite-nos verificar que ela é algo distinto do mundo, mesmo estando presente nele. Assim podemos encontrar uma saída: podemos nos propor a dar sentido às coisas do mundo.

3.3.2 Angústia e má-fé

A consciência é a possibilidade livre que temos de dar sentido ao mundo desprovido de senso. O mundo é tal qual ele mesmo; o "em si" já está dado em sua contingência e absurdez. Já a consciência "para-si" não é totalidade dada e acabada, não está pronta, e sua possibilidade livre (a liberdade) é que lhe permite conferir sentido ao absurdo do mundo (Sartre, 2007).

A liberdade que constitui a consciência como possibilidade não é "um ser", mas a condição de ser do homem, a qual lhe permite (e o condena a) sempre escolher: "Ser livre é estar condenado a ser livre" (Sartre, 2007, p. 182). Desse modo, devemos entender que aquilo que optamos por realizar, fazer de nós mesmos em nosso projeto existencial, é resultado da livre escolha que nos é dada pela consciência. Contudo, conforme aponta Sartre (2007), sendo passível de ter responsabilidade por tudo que faz de si mesmo, o homem não deve procurar eximir-se do seu destino.

A negação da angústia, ou a busca em dirimi-la, resulta na postura de má-fé (Sartre, 2007). Como conduta de má-fé, devemos entender que nossas escolhas – nosso agir livremente, mediante a possibilidade aberta que a consciência nos traz – não resultaram nas consequências desejadas ou pretendidas pela nossa subjetividade. Mas como, se foi minha consciência que me fez escolher aquilo, inclusive suas consequências? (Sartre, 2007).

Não podemos converter nem culpabilizar as circunstâncias, muito menos responsabilizar o outro pelas consequências das nossas escolhas. Isso seria o mesmo que dizer que, ao optarmos conscientemente por algo, não estávamos conscientes. Com efeito, trata-se de uma tentativa de colocar a consciência no plano absurdo das coisas do mundo. Eis a conduta de má-fé para Sartre, algo totalmente contrário aos intentos da filosofia sartreana.

A absurda aventura que é a vida faz o homem lançar-se positivamente diante da angústia. É nesse sentido que suas escolhas e consequências são exclusivamente de sua responsabilidade. Somos convocados a constituir valores e a dar sentido às coisas. Ao contrário, com a atitude de má-fé, iríamos admiti-las simplesmente como são, querendo insistir no absurdo gratuito que as determina, o que seria agir contra nossa consciência angustiada em face da absurdez da vida.

> A liberdade própria imiscui-se à liberdade alheia em um único plano: a liberdade total do homem para projetar os rumos da comunidade humana.

E qual o papel dos outros – daquilo que não é minha consciência, mas é outra consciência – na determinação dos valores? Segundo Sartre (2007), o mesmo que é "ser-para-si" é também "ser-para-outros". Isso implica dizer que a subjetividade humana não suprime aquilo que a ela se equivale. Em outras palavras, o outro não é um objeto no meu mundo e sim uma consciência (outra) que invade minha subjetividade. Nesse sentido, o projetar-se do outro desvencilha o indivíduo do projeto que é somente seu. Assim, ele perde o centro de sua subjetividade, a qual se perde, por sua vez, diante da consciência alheia.

De acordo com Sartre (2007), é como conflito (como luta) que o "ser-para-outro" se apresenta à nossa consciência. Como estipular a liberdade individual? Como determinar valores? Como solucionar o embate entre o eu consciente e o outro que, igualmente a mim como consciência, deve projetar o sentido do mundo?

Primeiramente, é preciso admitir exatamente o que propõe a problemática, ou seja, minha consciência livre tem, como fim, o mesmo objetivo da consciência alheia. Devemos admitir que somos livres e assim queremos continuar existindo, ao passo que queremos expandir ao máximo nossa liberdade por meio de nossos projetos. Considerando-se isso, ao indivíduo é dado perceber que seu projeto de existir projeta-se no outro. Ambos podem não ser exatamente o mesmo, e na verdade não o são, mas eles se referem ao projeto de humanidade que em todos nós é reconhecido.

A liberdade dos outros e as condições materiais da existência são levadas em consideração na elaboração de nosso projeto de vida. Eis por que o ser "para-si", a consciência do homem, é tido como presente no mundo ("em si") e como subjetividade "para-com-outros" (Sartre, 2007). A liberdade própria imiscui-se à liberdade alheia em um único plano: a liberdade total do homem para projetar os rumos da comunidade humana.

Tal projeto não deve ser entendido de forma fixa, enrijecido por qualquer espécie de absolutismo. Pelo contrário, devemos sempre nos questionar sobre as escolhas e suas consequências, com o intuito de corrigi-las e redirecioná-las de acordo com nossa liberdade total como indivíduos de podermos nos projetar para além das situações dadas. Dessa forma, são elaborados os valores determinados como válidos para a realização do projeto.

Todavia, como os valores são forjados a partir de situações dadas – o que significa que são criados historicamente e têm sua validade circunstancial –, devemos constantemente colocá-los à prova. Não existe nenhum valor absoluto, apenas objetos criados pela consciência humana, devendo-se, assim, revisá-los ininterruptamente, a fim de se constatar se ainda se constituem como valores capazes de instituir e promover o projeto de humanidade.

Síntese

Neste *capítulo, vimos* como Kierkegaard, a partir de concepções ético-cristãs, termina por conflagrar a bandeira que mais tarde seria conhecida como *corrente idealista*. Também analisamos a angústia por meio das teses sartreanas, as quais revelam que a vida do homem é uma espécie de corda que se estende, na existência, entre duas margens nadificantes. É por saber que a morte é a realidade certa para o existir que o homem se lança ao mundo por meio de um projeto seu. Com as ideias de Merleau-Ponty, verificamos que a definição de homem repousa sobre sua corporeidade, isto é, o homem é um corpo entre outros corpos.

Indicações culturais

Livro

KAFKA, F. **A metamorfose**. Tradução de Celso Donizete Cruz. São Paulo: Hedra, 2009.

Trata-se de uma grande obra da literatura universal, em que um jovem se vê, de um momento para outro, habitando um corpo estranho, o qual causa repulsa às pessoas. Como ele mantém a mesma consciência, seu drama é multiplicado pela rejeição de si mesmo e dos demais, levando-nos a refletir como nosso corpo e a forma como nos portamos parecem determinar as relações que construímos.

Filmes

TRANSCENDENCE. Direção: Wally Pfister. EUA: Straight Up Films, 2014. 119 min.

A consciência é algo personificado em um indivíduo ou é algo que se replica mediante o contato com o meio no qual vivemos? Essa é a questão que o filme busca discutir, além de nos levar a questionar a noção de liberdade normalmente relacionada a todos os seres humanos.

A.I. – Inteligência Artificial. Direção: Steven Spielberg. EUA: Warner Bros. Pictures, 2001. 146 min.

Quando um garoto robô que acredita ser humano descobre a verdade, tenta encontrar "a magia" que poderia dar-lhe humanidade. Nesse drama de ficção científica, vários questionamentos (éticos, estéticos, epistemológicos e mesmo teológicos) nos fazem refletir sobre o que nos torna humanos.

ANTES que o Diabo saiba que você está morto. Direção: Sidney Lumet. EUA: Europa Filmes, 2007. 117 min.

A angústia e o desespero costumam ser os piores impulsos emocionais para a ação humana. Mas como não apelar a certas medidas justificando-as por meio do uso das emoções? Esse é o pano de fundo proposto pelo roteiro desse filme. Se temos um nível de controle sob as escolhas que fazemos, ele nem sempre é visível.

Atividades de autoavaliação

1. Assinale a alternativa que indica a dimensão do homem que, segundo Kierkegaard, deve ser instaurada mesmo sabendo-se que dela decorre o processo de angústia:

   a) A dimensão do homem como sujeito.

   b) A dimensão do homem como ser social.

   c) A dimensão do homem como indivíduo.

   d) A dimensão do homem como humanidade.

2. Assinale a alternativa que melhor define o conceito de *percepção* para Merleau-Ponty:

a) A percepção é a ciência do mundo. Trata-se de um ato com o qual o ser humano escolhe perceber o mudo à sua volta.

b) A percepção é uma decisão deliberada, por meio da qual o mundo como objeto é escolhido para ser interpretado pelo sujeito humano em sua alma.

c) A percepção é uma capacidade, "um fundo" sobre o qual todos os atos se destacam, ou seja, ganham sentido. A percepção é pressuposta na interpretação do mundo.

d) A percepção é um efeito do mundo sobre nossa representação, por isso não temos quaisquer meios para captar o mundo sensivelmente (via sentidos) com nosso corpo.

3. Sobre a concepção de *consciência* para Merleau-Ponty, indique se as afirmações a seguir são verdadeiras (V) ou falsas (F). Em seguida, assinale a alternativa correspondente:

( ) A consciência humana é a percepção da totalidade das coisas que o corpo oferece à experiência.

( ) A consciência caracteriza o homem como uma existência que enfrenta o mundo.

( ) A consciência é a autoafirmação de si próprio diante da diversidade das coisas. Ela caracteriza o homem em sua subjetividade.

( ) A consciência é a possibilidade de as coisas serem elevadas à condição de sujeito, e não somente de objeto.

( ) A consciência é a tomada de posição perante o exame público da razão, ou seja, não diz respeito ao sujeito, como poderia parecer, mas à sociedade consciente.

a) V, F, V, V, F.

b) F, F, F, V, F.

c) F, V, V, F, F.

d) V, V, V, F, F.

4. Assinale as alternativas que melhor explicitam o conceito de *má-fé* para Sartre:

a) Trata-se da postura do sujeito em querer se eximir das consequências de suas escolhas, como se não pudesse ter escolhido diferente.

b) Trata-se de uma vontade exercida de maneira sincera, ou seja, na má-fé, engana-se porque se quer enganar.

c) Trata-se do uso equivocado da vontade em querer delegar aos outros a escolha. Assim, opta-se em seguir a vontade alheia, e não a própria.

d) Trata-se da postura de concretizar um projeto de vida bem definido, comprometendo-se com ele, isto é, lançar-se com má-fé para realizar algo.

5. Assinale a alternativa que melhor explica como o tema da liberdade se apresenta na filosofia existencialista de Sartre:

a) A liberdade caracteriza-se pela faculdade do homem de, diante da náusea e da angústia, encontrar em si mesmo a capacidade de lançar-se como projeto diante do absurdo da vida. É a opção de escolher existir no mundo.

b) A liberdade caracteriza-se como a possibilidade de o ser humano fazer absolutamente tudo o que deseja, não importando nenhuma convenção ou lei, porque, diante do absurdo do mundo, tudo é possível. O indivíduo é aquilo que os outros julgam dos seus atos livres.

c) A liberdade é a tomada da consciência em Sartre. Uma vez que, para o filósofo, nossa essência precede a existência, podemos escolher ser livres ou não, basta que nossas escolhas se deem de acordo com nossa essência, a qual independe de como encaramos ou percebemos o mundo.

d) A liberdade é a entrada do ser humano no mundo. Sem liberdade, que é a capacidade de agir sempre segundo as leis e regras de conduta previamente definidas em sociedade, não podemos exercer nossos direitos civis e políticos. É a liberdade cidadã que Sartre procura definir.

Atividades de aprendizagem

1. O que significa assumir a angústia como condição perene no homem?

2. Para você, o que é consciência? Explique em um pequeno texto (15 linhas).

3. O que significa afirmar, de acordo com Sartre, que há uma encarnação da consciência no mundo?

4. Você já deve ter se sentido angustiado alguma vez. Se nunca, certamente já ouviu alguma experiência de alguém que se descreveu em estado de angústia. Dessa forma, componha um breve relato (10 linhas), buscando descrever esse estado.

5. Qual é a importância da constatação da angústia?

6. Segundo Sartre, o que caracteriza a postura de má-fé?

4

Filosofia e linguagem

*N*este capítulo, veremos como os filósofos da filosofia analítica, o Círculo de Viena, a corrente estruturalista e o que se convencionou denominar virada linguística *tratam o problema da linguagem e suas implicações. Você poderá perceber que as abordagens sobre a linguagem são estipuladas sob diversas perspectivas e que os filósofos e correntes filosóficas procuram remeter suas indagações e propostas mediante suas respectivas teorias linguísticas.*

4.1
Filosofia analítica

Trata-se da linguagem vista sob a perspectiva dos analíticos. Em rigor, esses célebres pensadores buscaram mais propriamente abordar a linguagem como uma ferramenta adequada e profícua que nos permita o reto conhecimento. Para eles, a filosofia serve como instrumento para a aplicação da linguagem em ciência. Assim, os analíticos, oriundos dos campos das ciências naturais e da matemática, acreditam que a contribuição da filosofia para a linguagem se efetiva somente quando a linguagem não consegue (ou não pode) realizar as proposições adequadas para o saber científico. Dessa forma, a linguagem é o objeto que tem primazia nos ditames dessa corrente filosófica.

4.1.1 *Bertrand Russell*

Em seus primeiros passos na esteira filosófica, Bertrand Russell (1879-1970) acreditava ser conduzido por uma espécie de hegelianismo. Por influência da lógica de Brandley, Russell aceita Hegel. Porém, depois de um período de discussões e, por assim dizer, de lições argumentativas vindas de seu amigo Moore, ele se vê "livre" para ver o mundo sob um ponto de vista diferente. É o que se pode chamar da *fuga do idealismo*. Com isso, separa-se daquilo que seria o real* para o idealismo e passa a aceitar que o senso comum descreve o real como ele é de fato – isso se não misturado a concepções filosóficas ou religiosas. Simplificando, de acordo com Russell (2005), aquilo que o senso comum entende por real deve ser o real.

---

* Para Hegel, a ideia das coisas é a realidade, enquanto a materialidade não é.

4.1.1.1 Teoria das descrições

Para dar conta de sistematizar o real, Bertrand Russell é conduzido pelos ventos do empirismo inglês, dando significativa contribuição a essa corrente filosófica. O **empirismo**, que tem no real (*in concreto*) o fundamento da experiência, concebe que o material de nossos pensamentos são abstrações das realidades sensíveis que captamos pela via de nossos sentidos. Segundo Russell (2005), são as coisas de fato que nos permitem conhecer e pensar o mundo; ainda que não houvesse sujeitos pensantes, o Sol e a Lua seriam o que são, ou seja, a percepção dos sujeitos sobre a realidade desses objetos não os altera em nada. Tomando isso como ponto de partida, Russell almeja propor, com sua teoria das descrições, que a filosofia produz bons resultados somente quando está atrelada à ciência.

4.1.1.2 Atomismo lógico

Fruto da radicalização do empirismo unido a uma **lógica matemática** perspicaz, o atomismo lógico pretende ser uma filosofia em surgimento. Nesse aspecto, a via empírica fornece as premissas à lógica, que, por seu turno, compõe o modo-padrão de raciocinar retamente – tipo de raciocínio que se processa de modo correto e nos leva a conhecer, da maneira mais direta possível, nossa inteligência humana.

Com efeito, os fatos são tidos pelas proposições ou enunciados que afirmam a qualidade ou a relação que certa coisa tem (Russell, 2010). Um fato atômico diz respeito a poder afirmar sobre uma sentença a verdade ou falsidade de um enunciado da mesma classe. Por exemplo, "a grama é verde" corresponde, segundo Russell e seu atomismo lógico, a uma proposição atômica, na qual a coisa, grama, é um fato unido à qualidade, verde (Russell, 2010, p. 27). A verdade do enunciado é passível de ser verificada quando constatamos que, de fato, há no mundo um correspondente (material) àquela proposição.

Podemos escrever uma proposição atômica em termos lógicos da seguinte forma: "A é B", em que A corresponde a qualquer sujeito ou coisa e B é a propriedade ou qualidade que A detém, a qual é determinada por meio da ligação do verbo ser (*é*), que serve de junção afirmativa entre os conceitos A e B.

Proposição atômica e proposição complexa ou molecular

A junção de duas proposições atômicas compõe uma proposição complexa ou molecular (Russell, 2010). Com isso, somos levados a entender que, por exemplo, se dissermos "Curitiba é uma cidade paranaense", trata-se de uma proposição atômica, ao passo que, se dissermos "Curitiba é uma cidade paranaense e capital do estado", trata-se de uma proposição molecular, ou seja, uma proposição que descreve o fato de uma coisa com mais de uma qualidade expressa em uma sentença. Verificamos assim que o *e* serve de conjunção aditiva, a qual soma a qualidade de ser cidade paranaense do sujeito Curitiba à condição de também ser capital do estado. Dessa forma, devemos compreender que as proposições complexas ou moleculares, do tipo "A é B e também C", são resultantes da combinação das proposições atômicas: "A é B" e "A é C".

Em oposição às teorias do sentido e do significado – tais como a de Frege e Menog (Russell, 2005) –, o trabalho de Russel procura mostrar como as expressões dos enunciados denotativos são extremamente problemáticas se a função for construir um rigoroso entendimento acerca do contributo da linguagem. Para Russel, os enunciados denotativos parecem apontar qualquer espécie de labirinto lógico.

Proposições do tipo "o círculo quadrado não existe" (Russell, 2005, p. 483), ainda que tenham algum sentido, uma vez que dizem algo razoável, referem-se ao nada, pois descrevem um não existente. Mediante a noção do atomismo lógico, a teoria das descrições nos impõe a conversão dessa sentença para algo como "jamais é verdadeiro que x seja circular, y seja quadrado e não seja sempre falso que x e y se identifiquem" (Russell, 2005, p. 488-491). É a análise que nos obriga a tal formulação, a fim de evitarmos, ou melhor, fazermos com que desapareçam as expressões denotativas, pois elas trazem em seu bojo a insolúvel problematização metafísica dos existentes e não existentes.

Tudo isso tem por finalidade a construção precisa de proposições que descrevam fatos no mundo concreto. Russell (2010) quer tornar o atomismo lógico o modo exclusivo de exposição do conhecimento adquirido via experiência sensível. Com isso, evitaríamos as difíceis e indigestas problemáticas dos metafísicos. O problema das expressões denotativas, para Russell (2010), é que elas não possibilitam, de modo eficaz, a distinção das coisas em si mesmas, ou seja, não tornam claro suficiente o significado expresso dos nomes das coisas e de suas qualidades concretas. Elas seriam sempre passíveis de criar uma confusão quando falamos das coisas (do objeto) e quando nos remetemos somente aos seus nomes (termos ou conceitos abstraídos a partir do objeto).

Todavia, não devemos entender que Russell, diante de tudo isso, defende uma absolutização do empirismo e do atomismo lógico que dele deriva, tornando-os, assim, meios infalíveis na obtenção e enunciação do conhecimento válido. Longe disso, Russell é consciente dos limites de suas teorias.

Ora, mas o que o atomismo lógico oferece de melhor em relação a outras posturas filosóficas? Para Russell, a questão é simples: O atomismo lógico implica que a linguagem sempre deve ater-se aos fatos, uma vez que deles provém a preocupação primeira do uso das palavras. Essa postura é oposta à de outros filósofos analíticos, que entendem a linguagem para aquém da concretude da vida, considerando-a dentro dela mesma e esquecendo-se de que as palavras têm por objetivo algo distinto delas mesmas.

4.1.2 Ludwig Wittgenstein

André Müller

Discípulo de Bertrand Russell, Ludwig Wittgenstein (1889-1951), com sua carreira em Cambridge, deixou uma importante marca na filosofia analítica. Sua obra *Tractatus logico-philosophicus*, de 1921, influenciou de modo decisivo o neopositivismo do Círculo de Viena – uma vez que essa filosofia neopositivista se apropriou de suas teses fundamentais do *Tractatus*, ainda que de modo parcial.

Mais tarde, com sua obra *Investigações filosóficas* (Parte I, 1945; Partes II e III, 1948-1949), Wittgenstein distanciou-se de algumas considerações que fez no *Tractatus*.

4.1.2.1 O Tractatus

O trabalho de Wittgenstein é comumente dividido em primeiro Wittgenstein, que inclui o *Tractatus*, e segundo Wittgenstein. A tese fundamental que inaugura o *Tractatus* é a interpretação de que tudo o que acontece é o mundo (Wittgenstein, 1968, p. 55). Mas o que devemos entender por *tudo o que acontece*? Não outra coisa senão os fatos. Eles são o que acontece no mundo, e a representação do encadeamento lógico dos fatos é o pensamento.

Nesse sentido, o pensamento deve expressar com exatidão, por meio de proposições elementares*, o que são os fatos. Isso porque "o mundo é a totalidade dos fatos" (Wittgenstein, 1968, p. 63), conforme a segunda tese do *Tractatus*. Do contrário, sempre que a linguagem quiser exprimir algo para além dos fatos possíveis de serem descritos pelo encadeamento lógico das proposições elementares – sempre que se quiser ultrapassar os limites dos fatos –, incorreremos em proposições sem sentido (Wittgenstein, 1968).

É aí que, segundo a visão de muitos estudiosos, entra em cena a polêmica frase do *Tractatus*: "Aquilo de que não se pode falar, deve-se calar" (Wittgenstein, 1968, p. 129). Mas, novamente, o que é este *tudo* sobre o qual não se pode falar? Parece tratar-se daqueles tipos de proposições que não são possíveis de serem remetidas à realidade ou verificadas no mundo.

No primeiro Wittgenstein, a noção de realidade dada à linguagem nos faz entender que a teoria da realidade corresponderia necessariamente à teoria da linguagem. Somente ao fazermos uso da linguagem nesses moldes é que compreenderíamos que nossa representação dos fatos é consequência da forma como utilizamos a linguagem como representação projetiva da realidade.

Assim, podemos entender que "a proposição é o signo proposicional em sua relação projetiva com o mundo" (Wittgenstein, 1968, p. 62). Cada elemento do real encontra seu correspondente no pensar. Com efeito, entenderíamos que a realidade é constituída de fatos elementares, tidos como objetos simples (no mundo). É por analogia aos fatos que a linguagem se exprime em proposições. Trata-se de entendermos que

---

* A proposição elementar é o equivalente à proposição atômica de Russell, ou seja, o menor enunciado a partir do qual podemos inferir o valor de verdade ou de falsidade.

os nomes (linguagem ou pensamento) dados aos objetos (realidade do mundo) são projeções daquilo que constatamos como sendo fatos. Com base nisso, entendemos que a **proposição elementar** é o mínimo elemento linguístico a partir do qual poderíamos inferir a verdade ou a falsidade. O fato é o que torna uma proposição elementar possível. Mas não apenas isso; o fato possibilita admitir tal proposição como verdade ou não verdade. A noção de *proposição elementar* é chave para compreendermos a obra *Tractatus* no primeiro Wittgenstein.

> A proposição elementar é o mínimo elemento linguístico a partir do qual poderíamos inferir a verdade ou a falsidade. O fato é o que torna uma proposição elementar possível.

Todavia, para além da pretensão científica que implica a adoção das proposições atômicas, Wittgenstein se depara com a problemática realidade humana; com efeito, o homem se vê também em instâncias que não são as da ciência. Além do campo científico do conhecimento, a vida humana se percebe envolta em outras necessidades. O que fazer das pretensões e preocupações humanas quando não estão voltadas à ciência? Como tratar dessas questões de modo válido? Wittgenstein tem claro para si que o místico (aquilo que extrapola a realidade factível) não se verifica igual ao mundo, mas para além dele. Portanto, no mundo (como um todo coeso e que explique a realidade sensível) há algo de incognoscível, inalcançável ao nosso conhecimento e à linguagem que se dá como substrato do real: "O sentido do mundo deve se encontrar fora dele" (Wittgenstein, 1968, p. 62).

À primeira vista, parece-nos que Wittgenstein escapa dos problemas filosóficos. Já que a ciência não dá conta de resolvê-los – pois não são problemas científicos e, portanto, não são passíveis de serem limitados satisfatoriamente no esquema das proposições atômicas –, deve-se abrir mão deles: "deve-se calar" (Wittgenstein, 1968, p. 129). Contudo, não é como se estes não existissem, mas como se fossem impossíveis de serem definitivamente resolvidos.

Logo, a não resolução desses problemas exige de nossa parte compreender que não se trata de negá-los, mas de suprimi-los mediante a linguagem. Não há pergunta pertinente que enquadre os problemas filosóficos dos homens no âmbito das ciências naturais. É esse o entendimento que devemos depreender do primeiro Wittgenstein quando este afirma que "Aquilo de que não se pode falar, deve-se calar" [...] "Observa-se a solução dos problemas da vida no desaparecimento desses problemas" (Wittgenstein, 1968, p. 129).

Essa primeira noção do *Tractatus* é adotada pelo positivismo lógico do Círculo de Viena, que rejeita a mística sugerida por Wittgenstein, ainda que seja somente de passagem, em sua primeira obra.

Já em *Pesquisas filosóficas*, obra que faz parte do segundo Wittgenstein, verificamos o afastamento de algumas teses centrais do *Tractatus*, sobretudo daquela que manda silenciar quanto às coisas para além do mundo. Todavia, na segunda fase, os problemas filosóficos não são resolvidos de modo definitivo, o que faz Wittgenstein (1999) remeter-se à filosofia novamente, agora como terapia linguística. Um novo ponto de vista se instaura para que a linguagem seja reinterpretada por meio de outra teoria.

4.1.2.2 A teoria dos jogos de linguagem

Entendida como mera denominação (*Benennungssprachspiel*), definição e explicação das coisas do mundo, a linguagem é empobrecida de sua significação no mundo. De acordo com o segundo Wittgenstein, a linguagem permite muito mais do que meramente denominar os fatos (coisas no mundo). Ela está além da função de etiquetar as coisas, como se pretende com a teoria da representação. A noção de *jogos linguísticos* nos leva a entender o leque de possibilidades que a linguagem nos apresenta (Wittgenstein, 1999).

Dadas as regras dos jogos linguísticos, nós utilizamos as palavras, os signos e suas composições dentro dos limites que nos são propostos pela linguagem. Contudo, esses limites não são estanques. Pelo contrário, estão sendo revalidados constantemente e podem ser ultrapassados à medida que novas regras para a linguagem se apresentam como possibilidade.

4.1.2.3 O princípio de uso

O sentido de um termo é seu uso (Wittgenstein, 1999). Comumente, acreditamos que o uso correto da linguagem se verifica na retidão dos conceitos; quando seguimos a ordenação habitual para atribuir significado àquilo que queremos significar, podemos chegar, então, aos dados precisos da enunciação. Porém, quando nos debruçamos em problemas filosóficos, percebemos que eles são passíveis de solução na regulamentação exata de seus significados. Assim, devemos questionar: no uso de um termo, qual é o sentido que estamos querendo propor? O que deve significar exatamente esse termo? Desse modo, podemos perceber que a linguagem se apresenta como engendrada sob o substrato daquilo que o homem necessita para se manter existindo como ser humano (Wittgenstein, 1999). A filosofia, nesse processo, pede pelo sentido, pelo significado das palavras, quando deveria, na verdade, primar pelo uso.

Propor ou ter o alcance de diversos usos, que são possíveis por meio das palavras (expressas em proposições), é a tarefa que o segundo Wittgenstein se compromete a realizar em *Investigações filosóficas*. Para ele, a filosofia tem como função abrir a visão para o amplo campo de alcance da linguagem. É nesse sentido que ela opera como terapia da linguagem, impedindo que esta se conforme em, de acordo com os padrões preestabelecidos, somente definir os termos de uma proposição elementar. Com efeito, a tarefa do filósofo é, mediante os jogos linguísticos, pensar nas possibilidades infinitas de significações das proposições.

4.1.3 Filosofia analítica de Cambridge

A corrente da filosofia analítica se desenvolveu principalmente na Inglaterra, em Cambridge e Oxford. No entanto, não existe uma única doutrina na qual possamos irmanar todos os analíticos de língua inglesa. O que nos permite unificá-los, em termos de pesquisas e trabalhos, é o fato de que eles se voltaram para o campo de operação da linguagem, ou seja, com suas análises, procuraram demonstrar que o campo das funções na linguagem deve ser submetido à validação das referências que tomamos da realidade sensível.

Bertrand Russell, George Moore, Ludwig Wittgenstein e John Wisdom são os principais expoentes da filosofia analítica em Cambridge. Todos eles se esmeraram em expor a linguagem como processo de representação das experiências do mundo.

George E. Moore (1873-1958) se atém a rejeitar o idealismo em defesa do senso comum, procurando validar sua proposta ética com a **teoria intuicionista**. Moore questiona que grande parte do aglomerado filosófico dos problemas se revela confusa em virtude do fato de os filósofos buscarem dar respostas antes mesmos de analisar a validez das questões. A crítica de Moore se encaminha para fazer da filosofia um apurado meio esclarecedor das questões da linguagem (Moore, 2015).

Já John Wisdom (1904-1993) estima que se faz necessária uma **revalidação** dos problemas metafísicos, uma vez que a metafísica possibilitaria uma abertura nos paradigmas intelectuais tornados habituais mediante a pela linguagem. Segundo Wisdom (1934), a metafísica é capaz de propor novos horizontes e colocar uma problemática nova quando a linguagem se encontra estagnada.

Wisdom contribui decisivamente com a filosofia analítica ao indagar sobre o objeto da análise: afinal, o que a análise analisa? Desse modo, o conceito de *análise* é problematizado, tendo como base o entendimento de que a filosofia se propõe como esclarecimento (terapia) da linguagem. "A filosofia é análise" (Wisdom, 1934, p. 37).

Wisdom vê com bons olhos a "aventura dos metafísicos", ainda que com isso não pretenda tornar sua a problemática deles. Com efeito, devemos ter em mente que ele não pretende analisar metafisicamente a linguagem. Em si mesma, "a metafísica é paradoxo", porém as asserções dos metafísicos seriam "sintomas de penetração linguística" e nisso residiria (talvez) o auxílio que se pode obter com aqueles paradoxos (Wisdom, 1934, p. 196). Mas como a metafísica, que não tem valor em si mesma no processo da análise filosófica, pode servir à linguagem? Ora, seria o caso de percebermos que as fendas abertas pelos paradoxos dos metafísicos tornariam possível que a linguagem avançasse sobre problemas a respeito dos quais ela, por si só, não iria angariar nenhum êxito.

Por um lado, as questões metafísicas não têm respostas satisfatórias para a linguagem; por outro, teriam ao menos a possibilidade de engendrar problemas que são passíveis de ser resolvidos pela linguagem. Para Wisdom, problemas que lhe parecem pertinentes – tais como os de ética, teologia e estética – compõem a esteira de seus interesses em filosofia. Não é apenas a ciência, com seus laboratórios, que permite a descoberta do novo.

4.1.4 *Filosofia analítica de Oxford*

Em Oxford, a filosofia analítica tem grande aceitação pelo público e, quantitativamente, suas pesquisas e estudiosos superam os de Cambridge. Um desses estudiosos é Gilbert Ryle (1900-1976), que sustenta que o tipo próprio dos argumentos filosóficos são os das falácias **reductio ad** *absurdum* (Ryle, 1970, p. 16). A favor da distinção entre *uso da linguagem comum* e *uso comum da linguagem*, Ryle, de modo crítico, evidencia sua concepção contrária à dualista platônico-cartesiana.

Ryle submete à linguagem o emprego do que seria próprio do labor filosófico. Assim, a tarefa em filosofia consistiria em se desdobrar sobre a linguagem, a fim de aperfeiçoar o aparato linguístico. O filósofo deveria, segundo Ryle (1970), primar pela definição dos conceitos, na medida em que, por meio deles, descobre, passa a se readequar e se afasta de erros lógicos, os chamados *erros das categorias*.

Utilizando-se da metodologia que prescreve, Ryle, em seu texto, busca demonstrar que a concepção platônico-cartesiana do dualismo (alma-corpo) somente é possível como argumento de *reductio ad absurdum*. Isto é, não pode haver validação lógica para essa concepção, pois se trata, na verdade, de um erro lógico (Ryle, 1970).

John Austin (1911-1960), outro pensador da filosofia analítica de Oxford, parte da consideração de que a linguagem comum, rica como é, permitiria compreender como são simplificadoras as concepções dos filósofos que buscam dirimir o uso desse tipo de linguagem em suas teses sofisticadas, porém, em muitos casos, vazias.

Austin procura validar seus argumentos demonstrando que a linguagem comum tem importância cabal para o campo da filosofia. Ao atribuir responsabilidade ao sujeito, o uso da linguagem comum, por meio dos **atos de fala** (Austin, 1998, p. 112), possibilita a realização das coisas muito mais do que apenas a enunciação delas.

Em sua obra *Como fazer coisas com as palavras*, de 1962, Austin evidencia a diferença entre proposições indicativas e proposições executivas. Estas últimas nos permitem realizar coisas, como prometer, convencer, informar, rezar e ludibriar. Nesse sentido, a diferença proposta nos coloca na esteira da análise linguística, quando entendemos que não se trata somente de palavras, mas da realidade que queremos exprimir ao utilizá-las (Austin, 1998).

Também de Oxford, Peter F. Strawson (1919-2006), em a *Introdução à teoria lógica* (1952), propõe contrastar e aproximar o modo pelo qual o uso da linguagem comum e o uso dos símbolos de uma lógica dada podem ser afastados ou aproximados. Nessa obra, ele esclarece o que compõe, de fato, a lógica formal (Strawson, 1959).

A realidade é percebida por nós por meio de conceitos que nos servem de fundamento para a compreensão do real. É sobre essa noção que Strawson desenvolve seu mais célebre texto, *Indivíduo: ensaio de metafísica descritiva* (1959), no qual aponta que a descrição dos conceitos e o modo como os utilizamos retratam a forma de nos acercarmos da realidade (Strawson, 1959).

4.2
Círculo de Viena

No neopositivismo vienense, também chamado de *empirismo lógico,* verificamos os principais representantes da corrente da filosofia da linguagem que se desenvolveu nos encontros de estudiosos reunidos sob a alcunha de *Círculo de Viena (Wiener Kreis),* destacando-se as contribuições de Moritz Schilick e Hudolf Carnap, para os quais a reflexão sobre o método científico tem importância decisiva no que diz respeito à filosofia desenvolvida.

Podemos afirmar que a origem do neopositivismo remonta ao ano de 1924. Encabeçado inicialmente pelo físico Moritz Schlick, professor de Ciências Indutivas na Universidade de Viena, o Círculo de Viena (*Wiener Kreis*), como é conhecido, propôs unificar a ciência por meio do estudo e de definições elaboradas pela filosofia da linguagem. Esse movimento científico surgiu a partir da reunião de um grupo de estudiosos que discutia a filosofia da ciência, impulsionados pelo positivismo (em seus primeiros encontros) de Ernest Mach*.

Paralelamente ao neopositivismo vienense, a Sociedade Berlinense (grupo de estudiosos da Universidade de Berlim), cujos trabalhos eram liderados por Hans Reichenbach, tinha os mesmos interesses. Em 1929, foi publicado por Carnap, Neurath e Hahn o manifesto do Círculo de Viena, intitulado *A concepção científica do mundo*. Esse documento trazia em seu bojo a principal finalidade dos trabalhos e pesquisas do neopositivismo: engendrar uma ciência unificada com base nos conhecimentos das ciências empíricas (física, química, psicologia etc.) e por meio da utilização do método lógico de análise usado por Russell, Peano, Frege e Whitehead.

Esses objetivos teriam como consequência as ciências empíricas destituídas de qualquer proposição metafísica, propiciando a clarificação dos conceitos e das teorias da ciência e permitindo o mesmo com a matemática.

Para iniciarmos a reflexão, convém nos perguntarmos como podemos ter certeza de que aquilo que afirmamos é verdadeiro. Temos a noção de que, sempre que afirmamos algo, estamos nos embasando em um conhecimento que podemos demonstrar. Ora, para os filósofos do Círculo de Viena, esse é o princípio do **fundamento da validez** (aquilo que torna verdadeiro nosso conhecimento), papel que é cumprido pelo **princípio de verificação**. Em outras palavras, tudo o que possamos constatar na experiência (podemos verificar) é tido como uma proposição que faz sentido, isto é, diz algo com fundamento (Schlick, 2015).

O neopositivismo admite como fundamental o *princípio de verificação*, segundo o qual têm sentido apenas as proposições que podem

---

* Físico e matemático austríaco.

empiricamente ser verificadas, ou seja, as proposições que podem reduzir-se à linguagem "coisificada" da física. Portanto, têm sentido unicamente as proposições da ciência empírica (física, química, geografia, história, geologia etc.).

Assim, a antimetafísica do neopositivismo vienense trata as afirmações metafísicas e religiosas como simplesmente carentes de sentido; elas seriam não sentidos, porque não verificáveis. Para Carnap (1973b), essa postura antimetafísica é encontrada também em Schlick e em outros membros do Círculo. A rejeição à metafísica consistiria em uma batalha, como se se tratasse de derrotar um inimigo de guerra.

Tido como ponto de origem e de segurança da filosofia neopositivista, o princípio de verificação consiste em fazer do trabalho filosófico não mais uma construção de teorias metafísicas, mas uma análise séria dos conceitos e teorias científicas. Tal forma de trabalho resultaria em metas ou afirmações de observação (a observação de alguma coisa é sempre feita por um indivíduo), o que levou os empiristas lógicos a promover a inversão da análise semântica do Círculo de Viena para a análise sintática (fisicalista).

Tal inversão indica que a linguagem é assumida como um fato físico e que sua função de representação projetiva dos fatos é eliminada. A verdade como correspondência dos fatos é substituída pela verdade como **coerência entre proposições**. Isso equivale a dizer que uma proposição é incorreta se não está de acordo com as outras proposições reconhecidas pelos cientistas e já aceitas no *corpus* da ciência.

Se, para Carnap, a questão da relação entre linguagem e realidade não interessava, visto que ele se debruçou com maior afinco à objetivação da linguagem como instrumento do conhecimento científico, para Schlick, a problemática de posições tidas como não científicas tem um peso determinante para a filosofia. Não basta que se trate da falta de sentido apenas no que diz respeito ao saber como um todo; para Schlick (1973), importa que uma linguagem não contraditória não seja suficiente para a ciência, visto que uma fábula, mesmo que não contraditória, não é ciência. O princípio de verificação comporta dificuldades. Com efeito, ele é um princípio criptometafísico e autocontraditório. Ao estabelecer que todas as proposições necessitam ser verificadas empiricamente, a fim de terem sua validez determinada diante da ciência, o próprio princípio (que é uma proposição) não pode ser verificado. Essa é uma questão espinhosa e problemática sobre a qual os neopositivistas tentaram debater em seus trabalhos.

Disso resulta que a tarefa do filósofo seria a de analisar seriamente (semanticamente) a ligação entre a realidade e a linguagem – a qual procura dizer, de modo válido, o real – e proceder à análise sintática por intermédio das proposições da ciência. Dessa forma, a filosofia é o labor, e não uma doutrina, que permite clarificar a linguagem. Assim, não cabe a ela ditar as regras para a linguagem, mas esclarecer como a linguagem opera cientificamente para a obtenção de conhecimento válido, isto é, de modo científico.

4.2.1 Moritz Schlick

Para Moritz Schlick (1882-1936), o princípio de verificação corresponde à possibilidade de analisar se há significado em uma proposição. Com efeito, reside no fato de entender como as coisas podem ser constatadas. Ou seja, há de ser possível verificar na experiência se aquilo que a linguagem manifesta se dá, de fato, na prática (Schlick, 2015).

Influenciado pela leitura do *Tractatus* de Wittgenstein, o neopositivismo vienense é tentado a verificar se os conceitos e as questões que a filosofia propõe são possíveis mediante a linguagem (Schlick, 2015).

Em suma, é levado a verificar se os problemas filosóficos são oriundos da realidade ou se são apenas reflexo de um mau uso da linguagem.

Assim, a tarefa da filosofia é, tão somente, procurar esclarecer suas asserções e problemáticas. Tal entendimento indica que a ciência empírica permite, em matéria de conhecimento, um estudo mais coeso e importante do que a metafísica, que perde tempo com seus problemas improdutivos. Schlick está convicto de que "Para encontrar um equacionamento da controvérsia acerca do 'Realismo' é de suma importância chamar a atenção do físico para o fato de que o seu mundo externo não é coisa senão a natureza que nos rodeia na vida de cada dia, e não o 'mundo transcendente' dos metafísicos" (Schlick, 1973, p. 64).

A linguagem sensata nos ordenaria a perceber que "o sentido de uma proposição consiste unicamente no fato de que a proposição expressa determinado estado de coisas" (Schlick, 1973, p. 50). Para encontrarmos o sentido de uma proposição, precisamos, então, permutá-la por meio de denominações precisas, o que nos leva à constatação de que as palavras definem se aquilo (proposição) é de fato ou não. O critério para verificarmos a veracidade de uma proposição é o de observar se elas se apresentam no mundo. Desse modo, "a indicação das circunstâncias ou condições sob os quais uma proposição é verdadeira, é o mesmo que a indicação do seu sentido, nem mais nem menos" (Schlick, 1973, p. 50).

A verificação como princípio nos remete às seguintes questões: Isto é assim na realidade (no mundo)? Posso comprovar empiricamente o que expresso por palavras?

As palavras somente têm sentido se indicarem algo que a experiência permite verificar. Caso contrário, caímos nos problemas filosóficos que são desprovidos de sentido, justamente porque não podem ser verificáveis. O problema, portanto, é o da validade das proposições para a construção do conhecimento, ou seja, para fazermos ciência (conhecimento seguro e correto), a proposição deve ser possível de verificação.

Assim, não se discute se a proposição é verdadeira ou falsa, mas se aquilo que expressa é um conhecimento científico do mundo. Se a constatação (via princípio de verificação) levar a uma não validade lógica da proposição, então, para o empirismo lógico de Schlick e de seu grupo, ela é sem sentido (Schlick, 2015).

4.2.2 Rudolf Carnap

Buscando melhor êxito com a proposta do fisicalismo*, Rudolf Carnap (1891-1970) procurou representar suas teses centrais para a unificação da ciência usando a linguagem não apenas como fato físico. Ele contribuiu decisivamente para que o neopositivismo vienense fosse liberalizado de seus pressupostos, os quais mantinham o Círculo de Viena fechado sobre si mesmo. Para tanto, esclareceu as dificuldades do uso do princípio de verificação de Schlick.

O conhecimento mínimo da experiência dada, tido como evidente, determina que qualquer outro conhecimento, na verdade, tem por fundamento esse tipo de conhecer. Essa concepção, segundo Carnap (1973a), preconiza que, ao dissecarmos os demais tipos de saberes, sempre poderíamos encontrar, na gênese das coisas que conhecemos, sua instância empírica, o que leva à constatação de que a ciência é o único saber válido (Carnap, 1973a).

O princípio de verificação, do modo como foi proposto por Schlick e pelos primeiros membros do Círculo de Viena, foi criticado e abandonado por Carnap. Para Carnap (1973b), tal princípio não dá conta de, primeiramente, distinguir, sem controvérsias, as observações empíricas. Se a experiência (indutiva) é a fonte de nossas proposições, é preciso

---

* O fisicalismo é uma tese lógica segundo a qual o uso da lógica não fala das coisas, mas das palavras. Foi proposto por Otto Neurath a partir da crítica ao princípio de verificação de Schlick.

lembrar que não podemos experienciar a gama infinita de coisas existentes. Assim, pelo princípio de verificação, muitas das leis universais propostas pela ciência não poderiam ser alcançadas, uma vez que, segundo Carnap (1973b, p. 177),

Se por verificação se entende um estabelecimento definitivo e final da verdade, então, como veremos, nenhum enunciado (sintético) é jamais verificável. Podemos somente confirmar, cada vez mais, uma sentença. Portanto, falaremos do problema da confirmação, ao invés de falar do problema da verificação.

Então, o princípio de verificação traria a validação científica a tudo o que nós afirmamos (em proposições) sobre algo, na medida em que pudéssemos demonstrar que aquilo que dizemos ocorre, de fato, na realidade. Porém, a questão é que não conseguimos verificar todos os casos que nos permitam universalizar (empiricamente) a experiência. Ao afirmarmos que "a grama é verde", atribuímos a qualidade "verde" (experiência sensível visual) a todas as experiências de "grama" (fato real). Isso significa que em todas as experiências de "grama" a qualidade "verde" se encontra. Contudo, não podemos experienciar tudo aquilo que é grama nem tudo aquilo que é verde. A própria verificação dos termos envolvidos não é possível, senão pela ideia (abstração) de *grama* e de *verde* – o que representa exatamente o contrário do que propõe o princípio de verificação.

Por conta disso, Carnap substituiu o princípio de verificação pelos **princípios de controlabilidade** e **confirmabilidade**. Objetivando o conhecimento científico válido, Carnap afirma que

Não podemos verificar a lei, mas podemos testá-la, testando suas instâncias particulares, isto é, as sentenças particulares que deduzimos da lei e de outras sentenças previamente estabelecidas. Se na série contínua de tais experimentos de teste não se encontrar nenhuma instância negativa, mas o número de instâncias positivas aumentarem, então nossa confiança na lei aumentará passo a passo. Deste modo, ao invés de verificação, podemos falar aqui de confirmação gradativamente crescente da lei. (Carnap, 1973a, p. 178)

Há dois tipos de confirmabilidade: a confirmabilidade completa e a incompleta. Com essa denominação, o objetivo é impedir que as proposições que devem alimentar o conhecimento científico soem como metafísicas, que são o avesso da ciência.

4.3

Estruturalismo

O estruturalismo é um modo de compreensão filosófico que está diretamente relacionado às ciências humanas. Para nos dirigirmos à primeira fonte dessa corrente filosófica, temos de recorrer ao conceito elementar de *estrutura*. Para tanto, pensemos na estrutura de um edifício, organizada a partir de elementos primários ou basilares (tijolos, ferragem, areia, cimento etc.). Ora, como sabemos, a construção de um edifício pressupõe elementos mais simples, que, uma vez organizados, permitem a formação de cada piso, os quais servem de sustentação para o andar seguinte, que, por sua vez, constitui, com todos os outros andares, o prédio como um todo.

O termo *estrutura*, utilizado pela corrente estruturalista, implica o entendimento de que um objeto (abstrato ou real) tem, em sua formação, elementos primários que respondem, em suas relações de reciprocidade, pela forma total como o percebemos.

4.3.1 Ferdinand de Saussure

De modo geral, a noção de *estrutura* faz referência a um sistema autossustentável e autorregulável. Para a filosofia, o estruturalismo constitui-se como modo de compreensão. Foi por meio dos escritos do filósofo Ferdinand de Saussure (1857-1913) que o uso do conceito de *estrutura* se instaurou em filosofia.

Podemos considerar a tese de Saussure a porta de entrada para o conceito de *estrutura* no pensamento filosófico. Para esse filósofo, a **língua** deve ser entendida como um sistema, uma estrutura orgânica que se desenvolve e tem sua autorregulação a partir de si mesma. Saussure (2002) expôs que a **estrutura**, por meio da qual a linguística se deixa notar, isto é, o meio pelo qual podemos compreender e expor a linguística. Deste modo, entendemos que a linguística se perfaz de um emaranhado de elementos (de fonética, de sintaxe, entre outros) que, em sua complexidade, organizam-se em uma linguagem.

Portanto, ao nos referirmos à estrutura, podemos nos servir da noção de *sistema*. Todavia, para que possamos fazer tal aproximação, devemos ter em mente que, se interpretamos algo como conjunto, é necessário que sejam atribuídos significados precisos aos elementos constitutivos desse agrupamento (Saussure, 2002).

Nesse sentido, a estrutura é aquilo que dá sustenção a algo. Isso porque, como um todo ordenado, ela promove a interação e a retroalimentação das suas partes. Contudo, se as partes não compõem uma hierarquia de elementos, então elas não podem efetivar seu propósito, sendo, assim, desprovidas de sentido perante o todo.

Diante disso, pensemos novamente sobre o edifício: o que seria de um único tijolo se ele não fosse empregado na formação de uma parede? O que seria da parede se não houvesse cimento e areia para juntar os tijolos? E assim, com todos os demais elementos que formam o edifício em sua totalidade, como dar sentido a cada um deles, senão a partir de um todo organizado de forma hierárquica?

Recorremos à noção de *estrutura* como plano quando queremos garantir que cada elemento que constitui um conjunto não seja disposto de maneira vã. Essa condição nos garante a possibilidade de previsibilidade sobre um sistema. Com efeito, se percebemos que os elementos constitutivos são dispostos de uma maneira significativa (forma), com a qual somos capazes de elencá-los no todo, então podemos empregar o termo *estrutura*, pois esse conjunto de coisas compreende uma totalidade hierarquizada, e não um aglomerado sem forma (Abbagnano, 2007).

Com base na concepção de linguagem como estrutura, o pensamento estruturalista articula sua exposição almejando explicar o homem. Ao pensarmos de modo estruturalista, devemos encontrar os elementos que, organizados, serviriam de base para compreendermos o que é o homem e como essa estrutura (que é a humana) se autorregula e se realiza como um todo organizado (Benveniste, 2005).

Com o estruturalismo como meio de desenvolver uma pesquisa e como forma de propor um ponto de vista, encontramos a possibilidade de abordar um problema em sua especificidade ou ampliar a problematização sobre determinada área do saber humano, tendo em vista as relações que todo saber construído estabelece com as demais áreas em torno. Por exemplo, em uma estrutura econômica, facilmente poderíamos encontrar as relações que se estabelecem entre o trabalho, a produção, a organização social etc.

É consenso entre estudiosos que a proposta estruturalista contrapõe-se a três outras correntes filósoficas: historicismo, idealismo e humanismo.

Em relação ao historicismo, o estrutalismo critica sua noção de realidade. Para o historicismo, a realidade é um conjunto de relações que, de certo modo, percebemos com regularidade (constância). O que nos permitiria, então, uniformizar a realidade? Segundo o historicismo, a relativa constância entre as relações nos permite captar a realidade como algo estático. Se percebermos alterações na realidade, devemos entender que são passíveis de serem explicadas pela sucessão lógica dos fatos e que são alterações já previstas pelo modelo historicista (Saussure, 2002). Pensemos, por um instante, na noção de *progresso* – noção apregoada pelo historicismo mediante a constatação da evolução no modo de produção humana. Vemos que o estruturalismo se opõe ao historicismo quando determina que, diante das ações humanas (de qualquer fazer humano), uma infinitude de necessidades se inter-relacionam gerando possibilidades para essas ações, tornando-as, então, realizáveis.

Isso significa que o progresso não decorre de uma ação melhorada por meio do entendimento evolutivo, mas que toda ação (nesse caso, a forma de produzir) se realiza pela necessidade de certos indivíduos sociais fazerem (produzirem) daquele modo, segundo as condições disponíveis. Portanto, a ação escolhida não necessariamente é a melhor, tendo em vista que, em face de certas necessidades e recursos, os indivíduos podem fazer diferente do que até então havia sido feito em situações semelhantes.

A crítica feita pelo estruturalismo à corrente humanista é ainda mais ferrenha do que a feita ao historicismo. O estruturalismo visa demonstrar que a noção de *sujeito humano* não tem fundamento, senão ao entendermos a existência de um sistema de relações (sociais, econômicas, pscicológicas etc.) que servem de base para pensarmos o indivíduo em sua condição humana (Saussure, 2002, p. 267). Diante disso, o sujeito, tal como quer o humanismo, é apenas um recorte, um recurso que permite expressar o sentido de homem em determinada situação. O que o humanismo pretende, ao utilizar-se da expressão *sujeito humano*, não passa de um modo de discurso.

4.3.2 Claude Lévi-Strauss

Para compreendermos a significativa contribuição de Claude Lévi-Strauss (1908-2009) ao estrutalismo, devemos considerar sua singular interpretação sobre o pensamento mítico. Lévi-Strauss utiliza-se da metodologia estruturalista para demonstrar que, em todas as culturas, a mitologia resulta de um sistema de elementos que ganham ou agregam significação na elaboração de seus mitos, adquirindo consistência ou materialidade por meio dos rituais.

Para Lévi-Strauss, não há nada em vão ou por acaso quando determinado elemento cultural (por exemplo, o nascimento, o casamento ou a morte) é utilizado no discurso mítico. Ainda, seguindo sua análise, ao contrário do que muitos afirmam, devemos entender o pensamento mítico como um modo autêntico de organização do mundo. Isso significa que devemos conceber o mito como meio de produção de conhecimento. Portanto, o mito não é apenas fantasia ou mero passatempo para as culturas em que se insere (Lévi-Strauss, 1982).

Dessa forma, ao propor o mito como estrutura, Lévi-Strauss o compreende como um conjunto organizado (um sistema de elementos), de modo que a modificação de qualquer um de seus elementos implica a reavaliação de todos os outros. Com isso, estipula um modo conceitualista para interpretar dada situação que, no entanto, deve corresponder à observação empírica dos elementos conceituados. Assim, o mito observado (discurso) é passível de ser analisado a partir de uma noção que permita certa previsibilidade em seu campo de operação. Isto é, o propósito que se deseja atingir com determinado mito torna-se alvo de interpretação por meio do modo estrutural (Lévi-Strauss, 1982).

Assim, o sentido, ou seja, o que o mito quer dizer, está ao alcance de nossa reflexão conceitual, pois aquilo que analisamos conceitualmente (cada elemento do discurso) e observamos empiricamente (realidade palpável) permite-nos antever o que deve acontecer caso um dos elementos se altere na formação do conjunto como um todo – o sentido geral do mito (Lévi-Strauss, citado por Abbagnano, 2007, p. 438).

Podemos entender que na análise estrutural, tal como nos apresenta Lévi-Strauss, devemos seguir três passos (Lévi-Strauss, 1982): (1) aos nos propormos a estudar um fenômeno, precisamos defini-lo relacionando-o a pelo menos mais um outro; (2) também devemos estipular relações (oposição, similitude, herarquia etc.) entre os dois conceitos ou elementos que estamos estudando; (3) isso nos dá, tão somente, um aspecto generalístico, o qual nos servirá de modelo para empreendermos conjecturas plausíveis, no intuito de fomentar ligações afins, com base em uma experiência vivenciada.

Quanto à aplicabilidade do modo de problematizar estruturalista*, observe, no exemplo a seguir, como seria possível proceder, de acordo com o método de Lévi-Strauss, diante de dado costume.

Problematização segundo o modo estruturalista

Em determinada sociedade, o costume, quando as meninas nascem, é o de vesti-las com roupas com a cor rosa. Partindo de uma análise estruturalista, como poderíamos analisar os elementos inseridos nesse costume?

Seguindo as indicações do modo estruturalista, devemos começar a problematização da seguinte forma:

1. A cor rosa nos remete à inocência e à delicadeza.
2. A cor rosa está em oposição à cor azul, cujo uso está comumente associado aos meninos.

---

* Lévi-Strauss (1982) indica como a pesquisa estruturalista permitiu-lhe interpretar o mito do incesto com base na consideração das relações de parentesco.

Depois de feitas tais constatações, resta agora nos questionarmos sobre o que a experiência revela sobre o costume: praticamente não vemos meninos recém-nascidos vestidos com a cor rosa; o uso dessa cor é muito mais frequente entre as meninas. Em seguida, podemos propor associações para entender esse costume: as meninas devem ser delicadas pois são frágeis; disso decorre sua inocência, o que também revela sua virtude. Assim, se a cor rosa nos remete à delicadeza e à inocência, fica claro o porquê de associá-la a meninas recém-nascidas, que são delicadas e frágeis.

Poderíamos explorar ainda os pré-julgamentos (pré-conceitos) que servem de pano de fundo para pensarmos essas associações. Isso seria considerar toda a gama de elementos envolvidos nesse costume, buscando esmiuçar ao máximo suas características.

Em suma, com base no estudo metodológico conduzido por Lévi-Strauss, a análise estruturalista nos leva à procura de um elemento básico, que serve de estrutura para a explicação de um saber – nesse caso, o saber mitológico. Trata-se de um modo que confere maior importância ao conjunto de significados que se organizam na forma de sistema (pensamento mítico). Por um lado, o mais importante para o estruturalismo é a noção de *sistema*, ou seja, por meio dos elementos do sistema, é possível compreendermos o que está em jogo. Porém, é importante ressaltarmos que o sistema que compõe o aspecto de conjunto dos elementos observados somente existe com base nos elementos que organiza. Assim, instaura-se um paradoxo: na análise de um sistema, as partes são os elementos-chave para que possamos compreender o que está envolvido no todo; ao mesmo tempo, se nos fixamos somente nas partes, notamos que elas, por si sós, são desprovidas de sentido, isto é, encontram inteligibilidade somente mediante a noção do todo.

141

De forma decisiva, para Lévi-Strauss (1982), não devemos abordar uma tradição mítica de maneira isolada; portanto, não podemos abordar a fala mitológica considerando somente uma perspectiva.

4.3.3 Michel Foucault

Michel Foucault (1926-1984) foi um filósofo francês que, no século passado, procurou desmontar, ou ao menos tornar problemática, a interpretação clássica da filosofia quanto à noção de *sujeito* (o "eu" pensante cartesiano). Ao questionar a história, principalmente a história construída a partir da noção de *progresso*, Foucault inviabilizou qualquer outro meio de se abordarem as questões humanas que não leve em conta a noção estruturalista de pesquisa.

Com a teoria de Foucault, veremos que o ser humano somente é passível de ser interpretado por meio de algum sentido filosófico válido, isto é, se tivermos em mente o conjunto de elementos que caracterizam as múltiplas relações que dão sentido à vida – precisamente, para Foulcault, as relações de **poder** e **saber**.

Para compreendermos a significativa contribuição de Michel Foucault para a reflexão filosófica, tomamos como base a tese de Roberto Machado (2009) exposta na introdução da obra *Microfísica do poder* (1979), de Foucault. Nessa obra, o filósofo procurou explanar as condições que permitiram o surgimento das ciências humanas (Foucault, 2009).

A marca deixada por Foucault na filosofia contemporânea relaciona-se ao método de análise que ele propôs ao descrever, em *História da loucura* (1961), como a loucura pode ser encarada como objeto de saber. Trata-se, mais propriamente, de expor como, considerando-se as instituições e práticas sobre o louco, podemos destacar relações de poder e saber, descrevendo como elas implicam um conhecimento (Foucault, 1978).

O método proposto por Foucault indicou que, ao sugerirmos elementos circunscritos a determinado campo (a psiquiatria, nesse caso), podemos, com base neles, elaborar uma rede de saber concatenando o conhecimento resultante de cada objeto investigado. Isto é, ao investigarmos certo objeto, podemos relacioná-lo a outros presentes no mesmo campo de atuação. Tal relação evidencia como os elementos que produzem um saber se interligam aos demais saberes, até formar um campo único, porém não exclusivo, de saber (Foucault, 2008a).

Devemos ressaltar que as análises de Foucault são circunscritas a objetos bem definidos (Foucault, 2008b). A importância da pesquisa empírica (no espaço onde se produz o saber) é outra especificidade da análise foucaultiana. A clínica, o presídio, a escola, o hospício são lugares que produzem saber e que serviram para que Foucault pudesse expor como o exercício de poder, em lugares como esses, advém de uma condição estruturada, produtora de conhecimento.

No caso do saber sobre o louco, Foucault associou o conhecimento da medicina da Época Clássica (entre os séculos XVIII e XIX) às instituições da sociedade naquele período, relacionando-o às instâncias familiar, religiosa e jurídica (Foucault, 1978). Com isso, ele conseguiu demonstrar que o saber psiquiátrico não decorre de uma descoberta sobre a loucura; antes da psiquiatria já havia loucos. O saber psiquiátrico, ao aplicar sobre o louco (objeto de investigação), em um espaço específico (o hospício), determinados elementos teóricos e práticos de que dispõe (poder), produz um discurso próprio de conhecimento, que resulta em um saber.

Ao considerarmos a reflexão de Foucault, devemos perceber que o saber produzido (discurso sobre o objeto investigado) está atrelado a uma época. Assim, trata-se de entendermos que as práticas executadas pelas instituições sociais de cada período, mais propriamente os meios de poder, são engendradas pelas condições sociais para que estas lidem com determinado objeto/sujeito em espaços circunscritos – escola, hospício, fábrica, hospital, prisão etc. (Foucault, 2008b). Disso concluímos que, para cada época, o saber sobre determinado objeto de investigação é condicionado pelo emprego de novas formas de abordar o problema.

Por meio dessas reflexões, talvez pudéssemos agora responder a questões como: existe progresso em ciência? Ou, ainda, para nos determos ao âmbito específico da investigação de Foucault: a medicina moderna – que, segundo o filósofo, configurou-se a partir do século XX – é melhor que a medicina da Época Clássica? Se nos ativermos às condições do saber, é fácil responder que não há progresso em ciência e que uma época não suplanta outra quanto ao saber que produz, uma vez que o objeto investigado por ela é abordado sob condições distintas.

Na obra *A arqueologia do saber* (1969), encontramos a preocupação foucaultiana em descrever que a noção sobre o saber pode ser estendida a uma análise específica sobre o poder, o sujeito, o louco, a escola etc. Isso nos permite estabelecer a descontinuidade dos conhecimentos adquiridos pelo saber humano. Ao percebermos a pouca inter-relação entre os conceitos, o critério datado que cada período adota para abordá-los e a relação recíproca da instância social com o saber produzido, poderíamos criticar a noção de progresso nas ciências (Foucault, 2008a).

As ciências humanas entendem que o homem, ao mesmo tempo que sujeito que conhece, é também objeto de investigação. Segundo Foucault (1987), somente podemos compreender o surgimento das ciências humanas se entendermos que sua condição de possibilidade é dada pelo aparecimento das ciências empíricas. A obra foucaultiana *As palavras e as coisas* (1966) demonstra que os saberes são resultantes de inter-relações de conhecimento de determinados campos de pesquisa.

Com efeito, ao estabelecermos conceitos em determinada área do conhecimento, instituímos um saber que é assimilado por outro campo epistêmico – da ciência, da religião, da arte etc. – com alguma plasticidade, ganhando nova abordagem. A nova forma de abordar esses conceitos não exclui o que fora definido anteriormente. Pelo contrário, amplia a gama de saberes inter-relacionados, estabelecendo uma teia de significações por meio de similitudes e diferenças (Foucault, 1987).

Para tratar da reflexão filosófica que envolve a temática do saber, é preciso estabelecer as condições que possibilitam o surgimento das ciências humanas como discurso constituído com base nas práticas empregadas nas instituições sociais. Porém, resta ainda o questionamento: por que as ciências humanas se constituíram como um saber válido? Para respondermos a essa indagação, precisamos ainda nos remeter à reflexão de Foucault a respeito do poder.

4.3.3.1 *Poder disciplinar*

Segundo Machado (2009, p. X), "não existe em Foucault uma teoria geral do poder". Isso significa que não há uma universalização acerca do termo *poder*, ou seja, Foucault não define *poder* de modo substancial. Por isso, devemos entendê-lo a partir das relações que os elementos em seu entorno estabelecem entre si.

Em uma relação de poder, existem dois polos que, embora não sejam antagônicos de modo que se eliminem mutuamente, têm suas funções e caráter expostos exatamente pela linha de tensão (poder) que os mantém relacionados. Em última instância, a análise foucaultiana procura captar o poder ao observar suas raízes e limites, os quais se manifestam em instituições e em seus discursos (Foucault, 2009).

O caráter de não universalidade que a noção de *poder* adquire em Foucault decorre necessariamente da especificidade dos elementos de análise que a definem. Ou seja, o conceito de *poder* não é metafísico, com o qual a realidade mesma seria manifestada ontologicamente. O poder não é passível de ser instituído como conceito universal em razão do aspecto descontínuo e mutante das relações institucionais. Trata-se, em última análise, do limite que sempre se impõe ao tentarmos definir o poder de forma estática. É o que acontece ao definirmos o poder, por exemplo, em uma relação matrimonial. Em um casamento, quem exerce poder sobre quem? Para responder, não podemos generalizar, pois as variáveis são infinitas: Quem é o homem? Quem é a mulher? Qual é a época? Quem os criou? Qual sua faixa econômica? Qual a formação cultural de ambos? Portanto, jamais existirá uma definição acerca do poder válida para todos os casos. Será sempre preciso partir para a análise das particularidades.

Tendo isso em vista, podemos entender a ressalva de alguns filósofos, inclusive do próprio Foucault, de inserir a filosofia foucaultiana no quadro do estruturalismo. O método de sua reflexão filosófica pretende se configurar como um discurso válido para os objetos por ele analisados em suas especificidades (espaço-temporal); não se trata de estabelecer a validade em todos os casos (universalmente).

É por isso que, quando buscou definir a gênese do poder, Foucault se deparou com a noção de que o poder se estabelece por meio de uma relação; não se trata de uma posse ou de algo real que se tem ou se perde.

Mas o que Foucault atingiu com sua análise genealógica sobre o poder? Primeiramente, ele deslocou a perspectiva da questão que sempre procura investigar o poder como exercício exclusivamente do Estado. Era sobre esse órgão, na maioria das vezes, que repousavam as investigações acerca do poder. Procurando evidenciar que existem outras instituições, além do Estado, que executam técnicas de poder, Foucault mostrou como o emprego de um saber (discurso) e as práticas constituídas nas instituições dominam (têm poder) o sujeito que encerram.

Embora se estabeleça com maior visibilidade em instituições como Estado, escola, hospício, família etc., o poder não se encerra em uma instituição de forma centralizada. Não é a partir de um lugar específico que ele emana. Naquilo que é mais periférico, a institucionalização do próprio corpo do indivíduo, há também uma forma de poder (Foucault, 2008b). Assim, Foucault fala do poder (como relação) de um modo dicotômico, isto é, não há irradiação do poder a partir de um ponto (centro ou periferia). Existe um intercambiar mútuo, que não é palpável, no domínio e na implementação do exercício do poder (Foucault, 2009).

Não há, portanto, um poder exclusivo do Estado ou da escola sobre o sujeito. Com efeito, existe uma relação de poder que ora emana da instituição e conforma o indivíduo, ora emana do indivíduo, de forma que se aperfeiçoa o poder institucional. Assim, as relações de poder se dão de acordo com a relação estabelecida entre os elementos inscritos no processo.

Desse modo, segundo Machado (2009), o Estado não absorve e confisca de todo o uso do poder; ele não cria o poder. Os diversos poderes, que emanam de instituições de diferentes níveis, podem estar ou não conectados ao aparelho estatal. A elaboração e o uso dos poderes são contingentes em relação ao Estado (Foucault, 2009).

Nesse sentido, a noção de *poder* se relaciona muito mais à constituição e ao emprego elaborados para o exercício do poder por determinada sociedade. A sociedade efetiva ou transforma, por meio das relações de seus elementos – indivíduos x instituições; instituições x indivíduos; indivíduos x indivíduos; instituições x instituições –, a cadeia de poderes que ela mesma instaura. Jamais se trata de uma relação unívoca. No mínimo, ela se constitui por meio de dois polos, que se inter-relacionam mutuamente.

Foucault também expôs que não é a violência nem o direito que fundamentam as relações de poder. Com isso, ele buscou demonstrar que as bases do contrato que cerceia ou garante o monopólio das ações segundo a lei são insuficientes para esgotar ou dar conta de fundamentar o poder em uma sociedade. Essas constatações podem ser verificadas nas obras *A vontade de saber* e *Vigiar e punir*, nas quais Foucault aponta para a ineficácia das interpretações que definem o poder de forma apenas negativa: "É preciso parar de sempre descrever os efeitos do poder em termos negativos" (Foucault, 2009, p. XV).

De fato, segundo Foucault (2009), o poder produz domínios de objetos e rituais de verdade.

> *A minúcia dos regulamentos, o olhar esmiuçante das inspeções, o controle das mínimas parcelas da vida e do corpo darão, em breve, no quadro da escola, do quartel, do hospital ou da oficina, um conteúdo laicizado, uma racionalidade econômica ou técnica a esse cálculo místico do ínfimo e do infinito.* (Foucault, 2008b, p. 121)

Em última instância, o poder, de forma eficaz, aprimora e potencializa, de maneira estratégica, o uso da força naquilo que é sua meta: o corpo humano.

Como mencionamos, o caráter apenas negativo da lei e das penalidades não é capaz de gerar a compreensão adequada sobre o poder. Para tanto, Foucault nos indica que a caracterização do poder deve responder à seguinte questão: por que a disciplina infligida sobre o corpo do indivíduo resulta de modo afirmativo e termina por gerar (em relação tanto à personalidade quanto às ações) esse mesmo sujeito?

Respondendo à indagação, diríamos que o poder, nesse caso, não tolhe ou impede o agir do sujeito. "O poder disciplinar não destrói o indivíduo; ao contrário, ele o fabrica. O indivíduo não é o outro do poder, realidade exterior, que é por ele anulado; é um de seus mais importantes efeitos" (Foucault, 2008b, p. 160).

Desse modo, devemos admitir que o sujeito moderno, como o quer Foucault, é produto de uma sociedade institucionalizada pelas relações de poder que caracterizam o corpo social. O poder disciplinar é aquele que molda a conduta do indivíduo em todos os níveis de sua vida. Tal controle, que acontece durante toda a vida do indivíduo, denota a constante observação de seus atos, os quais são passíveis de serem administrados pelas instituições sociais que o formaram (família, escola, Estado, Igreja) e que permitem sua manifestação na vida pública.

A tese foucaultiana acerca do poder disciplinar não deixa de apresentar os órgãos do poder como instrumentalizadores do sujeito. Mostra, também, que o sujeito é formatado, via de regra, pelas condições disciplinares que se lhe impõem desde sempre. Mas sua constatação mais interessante é a de que a disciplina é introduzida no sujeito a tal ponto que ele próprio passa a disciplinar os demais.

Como um instrumento ou uma tecnologia empregada a favor do poder, a disciplina compreende um conjunto de "métodos que permitem o controle minucioso das operações do corpo, que asseguram a sujeição constante de suas forças e lhes impõem uma relação de docilidade-utilidade [...]" (Foucault, 2009, p. 139).

Segundo Machado (2009), são três os aspectos que caracterizam a disciplina:

1. **Organização do espaço** – Trata-se da disposição dos elementos (sujeitos e objetos) que necessariamente compõem o campo ou lugar onde o poder deve ser exercido.

2. **Regulamentação sobre o tempo** – Todo o processo deve ser medido e reavaliado com a pretensão de objetivar as ações empregadas, minimizando o desperdício com atividades vãs e visando ações eficazes.

3. **Formalização de todo o processo** – Diz respeito à instauração de uma mentalidade que compreende que o modo mais garantido de sucesso é embasar toda a ação pela disciplina. Assim, ela é imposta e, até mesmo, defendida como meio adequado de agir institucionalmente.

Por fim, mediante a análise crítica de Foucault sobre as estruturas de saber e poder, Machado (2009, p. XXI) enfatiza que "o fundamental da análise é que saber e poder se implicam mutuamente: não há relação de poder sem constituição de um campo de saber, como também, reciprocamente, todo saber constitui novas relações de poder. Todo ponto de exercício do poder é, ao mesmo tempo, um lugar de formação de saber".

4.4
Virada linguística

A *virada linguística* foi um movimento filosófico ocorrido nas primeiras décadas do século XX que se tornou um marco para os estudos de filosofia. Com os questionamentos que propôs acerca da filosofia da linguagem, entendemos que os estudos filosóficos puderam galgar melhores searas no campo do fenômeno linguístico.

4.4.1 *Pragmatismo*

Como corrente filosófica, o pragmatismo configura-se como método de investigação em cuja base está o empirismo. Foi utilizado em diversas disciplinas da filosofia, como gnosiologia, epistemologia, ética, filosofia da mente e linguagem. O que nos importa compreender é como o pragmatismo se desenvolveu a partir da filosofia da linguagem, por meio do pensamento de Peirce e de seus estudos de **semiótica**, a teoria dos signos (pragmatismo lógico). Além disso, é importante conhecermos a influência dessa corrente filosófica para o pragmatismo metafísico de William James.

4.4.1.1 Charles Sanders Peirce

William James, ao recorrer às ideias de Charles Sanders Peirce (1839-1914) presentes em seu texto *Como tornar as nossas ideias claras* (1878), teria encontrado no emprego do termo *pragmatismo* uma relação direta para aceitação do "empirismo radical" a que se propunha (Peirce, 2005). Tempos depois, Peirce, para destacar que sua posição era diferente da de James, definiu *pragmatismo* como uma teoria na qual "uma concepção, ou seja, o significado racional de uma palavra [signo] ou de outra expressão, consiste exclusivamente em seu alcance concebível sobre a conduta da vida" (Peirce, 2005, citado por Abbagnano, 2007, p. 920).

Com a definição de Peirce, foram criadas duas versões do pragmatismo: o **pragmatismo metodológico**, assumido e problematizado pelo próprio Charles Sanders Peirce, e o **pragmatismo metafísico**, defendido por William James.

Peirce (2005) defende que o emprego do nome *pragmatismo* para sua filosofia serve, exclusivamente, para descrever a forma pela qual ele aborda a teoria dos significados. A preocupação de Peirce é meramente lógica. Tem a ver com o fato de a semiótica – isto é, a teoria dos signos (ícones, índices e, principalmente, os símbolos) – compor uma gama de possibilidades, pensamentos e ações que se traduzem em nossas vivências cotidianas, as quais incluem nossas habilidades de agir e nos comunicar.

Desse modo, o pragmatismo metodológico não se refere propriamente à definição da verdade ou à determinação da realidade das coisas. Diz respeito a como, por meio de um procedimento inferencial, por isso lógico, determinamos o sentido das proposições (conceitos ou ideias) que utilizamos no dia a dia.

Segundo Peirce (citado por Abbagnano, 2007, p. 920),

É impossível ter em mente uma ideia que se refira a outra coisa que não os efeitos sensíveis das coisas. Nossa ideia de um objeto é a ideia de seus efeitos sensíveis [...] Assim, a regra para atingir o último grau de clareza na apreensão das ideias é a seguinte: Considerar quais são os efeitos que concebivelmente terão o alcance prático que atribuímos ao objeto da nossa compreensão. A concepção destes efeitos é a nossa concepção do objeto.

O princípio dessa regra metodológica é que "a função do pensamento é produzir hábitos de ação", os quais podem ser entendidos como nossas crenças*, isto é, a maneira como, usualmente, atribuímos sentido a um fenômeno** ou fato observado (Peirce, citado por Abbagnano, 2007, p. 920).

O que Peirce procura estipular como regra para a determinação do significado dos signos é, com efeito, a necessidade de validar nossas crenças ao adotarmos certos conceitos e proposições, encontrando um correlato na experiência. Para isso, devemos dispor de um raciocínio que nos possibilite fixar essas crenças de tal maneira que sejam válidas no campo da linguagem e da ética.

Por meio da teoria de Peirce, entendemos que os signos fornecem significação a determinados fatos (fenômenos) e, também, a outros signos. Isso nos leva a entender que o signo é o que nos permite conhecer, pensar e agir de acordo com o que se apresenta à nossa mente. Segundo Peirce (2005), existem três maneiras de se conceberem os fenômenos: primeiridade ou originalidade; secundidade ou obsistência; e terceiridade ou transuasão.

---

*   A palavra *crença* remete tão somente àquilo que costumeiramente nos impomos na forma de pensamento (ideias ou conceitos) ou ao modo como, usualmente, nos comportamos (ações).

**   *Fenômeno* aqui é entendido como tudo aquilo que se nos apresenta à experiência.

Na **primeiridade ou originalidade**, entendemos que o fato se apresenta a nós como um todo, ou seja, a ideia de que temos dele é ainda indistinta. Trata-se de um primeiro contato com o fato, por isso não conseguimos definir ainda as partes que o compõem. Por exemplo, no primeiro contato com um estádio, não temos a noção clara de que ali se encontram outros elementos, como cadeiras, refletores, placar, lanchonete, vestiários, traves e campo. Assim, na originalidade, o sentido é dado pela coisa tal como é, independentemente de qualquer outra (Peirce, 2005).

Continuando com o mesmo exemplo citado, na **secundidade ou obsistência**, ao pensarmos no estádio, está implícita a noção de que o que faz dele ser o que é são os elementos que o compõem. Por isso, Peirce afirma que, nessa maneira de conceber os fenômenos, deparamo-nos com "aquele elemento que, tomado em conexão com originalidade, faz de uma coisa aquilo que outro a obriga a ser" (Peirce, 2005, p. 27).

Já na **terceiridade ou transuasão**, o signo empregado para a concepção do fenômeno (fato observado) nos permite conectar a primeiridade à secundidade, ou seja, unir as duas primeiras etapas. Assim, na transuasão, é necessário representar determinado objeto de forma mediada. Em outras palavras, é preciso entender o quão precisa é a representação que fazemos de algo (instância da originalidade) ao conferir em que ela difere do objeto em si mesmo (instância da obsistência). Portanto, a mediação feita entre a primeira e a segunda instância para dar sentido aos fenômenos é, propriamente, o que Peirce denomina *terceiridade*, "sugerindo translação, transação, transfusão, transcendental" (Peirce, 2005, p. 27).

O signo

Existem várias definições para a palavra *signo*. Neste livro, optamos por adotar a acepção de Peirce:

*A palavra Signo será usada para denotar um objeto perceptível, ou apenas imaginável, ou mesmo inimaginável num certo sentido [...] Mas, para que algo possa ser um Signo, esse algo deve "representar", como costumamos dizer, alguma outra coisa, chamada seu **Objeto**, apesar de ser talvez arbitrária a condição segundo a qual um Signo deve ser algo distinto de seu Objeto [...]. Se um Signo é algo distinto de seu Objeto, deve haver, no pensamento ou na expressão, alguma explicação, argumento ou outro contexto que mostre como, segundo que sistema ou por qual razão, o Signo representa. Ora, o Signo e a Explicação em conjunto formam um outro Signo, e dado que a explicação será um Signo, ela provavelmente exigirá uma explicação adicional que, em conjunto com o já ampliado Signo, formará um Signo ainda mais amplo, e procedendo da mesma forma deveremos, ou deveríamos chegar a um Signo de si mesmo contendo sua própria explicação e as de todas as suas partes significantes; e, de acordo com esta explicação, cada uma dessas partes tem alguma outra parte como seu Objeto. Segundo essa colocação, todo Signo tem, real ou virtualmente, um **Preceito** de explicação segundo o qual ele deve ser entendido como uma espécie de emanação, por assim dizer, de seu Objeto.* (Peirce, 2005, p. 46-47, grifo do original)

Em toda a sua teoria sobre os signos, Peirce procura indicar a importância de se abordar o processo sígnico – processo semiótico que compõe todos os campos da instrumentalização dos signos – sob a perspectiva da tríade formada por signo, objeto e interpretante. Por meio desses três elementos, é possível ter mais clareza sobre a significação, quando o **signo** é enfatizado; sobre a objetivação, quando o **objeto** é priorizado; e, por fim, sobre a interpretação, quando o **interpretante** fica mais exposto.

4.4.1.2 William James

O termo *pragmatismo* foi empregado pela primeira vez por William James (1842-1910). Todavia, como James chegou a essa terminologia por meio dos trabalhos de Charles Peirce, este último achou por bem distinguir o seu pragmatismo, atrelando-o à lógica, enquanto o pragmatismo de William James passou a ser chamado de *pragmatismo metafísico*.

Nas teses fundamentais de James, encontram-se os pressupostos pragmáticos metodológicos, os quais preconizam que as noções (ideias ou conceitos) que adotamos para nossa comunicação e ação somente podem alcançar sua validez se submetidas à experiência.

Segundo James (1975), evidenciar a dependência do conhecimento em relação às exigências da ação é, certamente, relacionar coisas que parecem distintas. Isso porque, de acordo com James (1975, p. 110), "as emoções em que tais exigências se concretizem" teriam de ser tomadas como ponto privilegiado, ou seja, elas configuram o pano de fundo na adoção de nossos conceitos e ações. Em outras palavras, a experiência, para ele, certamente é imprescindível para a formação do conhecimento; é por meio do empírico que se pode comprovar o que é verdadeiro no ato de conhecer. No entanto, a experiência que decorre de uma ação não tem a mesma dimensão de "prova", pois, em várias situações, nosso agir é determinado por emoções que nunca conseguimos determinar de modo preciso e total. Com isso, de certa forma, entendemos que nossas emoções incorrem na determinação de nossas verdades e em como vemos o mundo.

Nesse sentido, a racionalidade, segundo James, é uma espécie de sentimento, com o qual "as ações e os desejos humanos condicionam a verdade: qualquer tipo de verdade, inclusive a científica" (James, citado por Abbagnano, 2007, p. 920).

Assim, de acordo com James, podemos entender que os pensamentos e as ações são determinados por meio de nossa visão de mundo. Por isso, para a validade ética e comunicativa, é importante que as experiências nos levem a um estágio de aperfeiçoamento. Isso significa que não é legítimo nos recusarmos a crer em verdades que não foram suficientemente provadas racionalmente.

O pragmatismo metafísico de James aponta para a possibilidade de se interpretarem signos e expressões para além do campo da ética, da filosofia da linguagem ou da ciência. Desse modo, o pensamento religioso também serve para validar a significação.

4.4.2 A linguagem como sistema arbitrário

A linguagem é a habilidade do ser humano de se comunicar. O termo *linguagem* refere-se a uma organização estrutural abstrata utilizada pelo ser humano, o que o difere de todas as demais espécies terrestres (Bastos; Candiotto, 2007). A linguagem, de modo geral, pode ser entendida como um instrumento que possibilita a compreensão da realidade à nossa volta, além de nos permitir comunicar os pensamentos aos nossos interlocutores.

Como estrutura, a linguagem envolve a **língua** e a **fala**. "A manifestação cultural da linguagem é o que pode ser denominado por língua, [isto é] o código sígnico articulado por um grupo ou uma comunidade humana específica". Já a fala constitui o "modo particular e individualizado pela qual o utente exercita a língua" (Bastos; Candiotto, 2007, p. 15).

Por meio da linguagem, os seres humanos elaboram conceitos, nomeiam os objetos e produzem signos que permitem um entendimento do mundo como realidade interna (mundo subjetivo) e externa (mundo objetivo concreto). Por meio da composição e utilização de signos é que podemos nos aproximar do conhecimento sobre a linguagem.

A linguagem é um sistema no qual os signos estabelecem relações entre si. O signo, de acordo com a definição de Saussure (2002), é aquilo que expressa ideias. Trata-se de um artifício mental que permite a comunicação.

Segundo Peirce, um signo é **qualquer coisa que está para alguém no lugar de algo sob determinados aspectos ou capacidades**; conforme Eco, o signo é tudo quanto: segundo uma convenção social arbitrária *se venha a aceitar como representação de um objeto ou ideia, e assim ele possa a ser entendido como* **algo que está no lugar de outra coisa**. (Bastos; Candiotto, 2007, p. 34, grifo do original)

Portanto, a relação que o signo estabelece com o objeto (seja subjetivo, seja concreto) descreve o tipo de signo que está sendo usado no lugar desse objeto. Isso nos leva a determinar qual é a representação do objeto (substituição do objeto pelo signo) que o signo propõe.

A filosofia da linguagem proposta pelos filósofos da chamada *virada linguística* – que passou a compreender a linguagem como estrutura e processo comunicacional inacabado – difere, por exemplo, da filosofia dos analíticos e neopositivistas, que procuraram definir a linguagem independentemente das implicações de outros campos da atividade humana e buscaram, com ela, justificar o conhecimento científico.

4.4.3 Os signos e suas relações linguísticas

Entendendo a linguagem como processo arbitrário da comunicação humana, existem três tipos de relações (similitude, causal e artificial ou arbitrária) que se estabelecem entre signos e objetos. Elas diferenciam os signos em **ícones, índices** e **símbolos**.

1. **Relação de semelhança ou similitude** – Quando o signo apresenta semelhança com o objeto que representa é denominado de *ícone*. Por exemplo, o signo *miau* representa o gato (objeto concreto) por se assemelhar ao som produzido por esse animal.

2. **Relação de causa e efeito** – Quando o signo é motivado por outro objeto com o qual se associa, falamos do signo como *índice*. Por exemplo, com a constatação da fumaça, somos levados a pensar que há fogo; se vemos uma poça de água no chão a céu aberto, concluímos que deve ter chovido.

3. **Relação arbitrária ou artificial** – Quando o signo designa um objeto apenas por convenção, dizemos que se trata de um *símbolo*. Com efeito, o signo como símbolo não guarda, necessariamente, qualquer relação com o objeto que representa. Ao dizermos *caneta*, fazemos de modo convencional, pois entre o signo e o objeto não há relação de semelhança alguma, assim como não há relação causal. Por convenção arbitrária, todos os que participam da comunidade que converteu o símbolo *caneta* em representação do objeto sabem exatamente ao que estamos nos referindo.

A linguagem como estrutura ou sistema de signos incorre (ela como instrumento) na capacidade de comunicação entre os que a apreendem e dominam. Para nos comunicarmos, fazemos um recorte preciso (uma língua) em um sistema de signos, o qual é estabelecido por nossa comunidade linguística. Toda linguagem apresenta uma quantia de signos (um dicionário ou léxico) que se relacionam de forma dinâmica, uma vez que, enquanto são inventados novos signos – e regras para seu uso –, outros caem em desuso.

Embora toda linguagem tenha um número definido de signos, as combinações que se estabelecem entre eles são infinitas. Desse modo, devemos compreender que a linguagem oferece igualmente infinitas possibilidades enquanto língua. Em outras palavras, podemos inventar inúmeras combinações frasais com os signos presentes em nosso sistema linguístico.

Todavia, sabemos que existem regras preestabelecidas quanto ao uso da linguagem, que denotam a representação usual para cada signo (linguagem em nível sintático). São regras que "tornam compreensíveis as intercomunicações ao nível da fala" (Bastos; Candiotto, 2007, p. 19). Ainda que sejam essenciais, não devem ser encaradas como um limite, pois apenas servem para estabelecer o correto e o incorreto quanto ao uso da linguagem. Assim, o "nível sintático tem por finalidade a descrição dos sistemas linguísticos que são encarados como produto de convenções e valores sociais" de uma comunidade linguística (Bastos; Candiotto, 2007, p. 19).

Dessa forma, apesar de existir uma norma a ser seguida, a análise sintática dispensa as normas exclusivamente gramaticais, ou seja, as regras se estabelecem mediante o caráter social da linguagem. Trata-se daquilo que a conduta sociocultural de um grupo estabelece como condição de veiculação da comunicação.

Assim, ao falarmos em norma culta, ou no bom uso de uma língua, em oposição ao uso não formal, ou mau uso dela, estamos considerando a linguagem mediante um recorte ideológico. Trata-se apenas de uma convenção estabelecida por uma parte dos falantes que, de modo arbitrário e ideológico, definiu o que é correto do ponto de vista da gramaticidade, desconsiderando parcialmente ou por completo o emprego da linguagem pela totalidade dos falantes, que poderíamos chamar de *linguagem natural.*

De modo geral, o primeiro e mais importante aspecto da linguagem é a **comunicação**, por isso é fundamental que a combinação e o emprego dos diversos signos façam sentido. Quanto tratamos do sentido, estamos nos referindo ao nível semântico da linguagem.

Quanto às regras convencionais da linguagem, temos ainda o efeito e o emprego dos signos mediante a interpretação. Trata-se da linguagem em nível pragmático. Ao utilizarmos a linguagem, comunicamos algo em nós ou para além de nós e somos, portanto, "interpretantes".

Ao nos comunicarmos por meio do emprego de determinados signos, somos o veículo pelo qual um signo passa a denominar algum objeto ou situação. Como intérpretes dos signos, sabemos identificar a intencionalidade implícita no emprego da linguagem. Intercalando os níveis sintático e semântico, nós, os intérpretes, concebemos em nível pragmático a ação dos signos (Bastos; Candiotto, 2007).

A linguagem é articulada, isto é, composta por partes que constituem, em sua mútua relação, um todo comunicável. O objeto ou a situação comunicada são constituídos por elementos próprios que se intercomunicam e dependem uns dos outros. É dessa forma que se instauram, em um enunciado, os âmbitos contextual (contexto), textual (texto), frasal (frase), do morfema (palavras) e da fonalidade (fonemas).

Quando à articulação da linguagem, segundo Bastos e Candiotto (2007, p. 58), "o texto é o enunciado máximo, do ponto de vista do sentido; a frase é o enunciado mínimo". Além disso, no âmbito textual, está implicada a existência de todos os demais âmbitos da linguagem, coexistindo em mútua dependência. Sozinhos, fonemas e palavras não têm sentido; o sentido que guardam as frases e os textos depende dos menores elementos constituintes da linguagem.

Assim, os fonemas permitem a composição das palavras, que permitem a formação de frases, que, por sua vez, compõem os textos, os quais são entendidos mediante os contextos de produção e recepção.

Talvez por meio da análise das teorias de estudiosos da linguística e filósofos da linguagem, possamos melhor vislumbrar o que a filosofia, desde Platão, buscou questionar a respeito da linguagem, tentando compreender como ela se constitui em si mesma como sistema ou estrutura de signos. Além dessa questão central, outras questões são igualmente importantes para pensarmos a linguagem: o que permite a linguagem ser o que é, significar o que significa? É por meio de indagações dessa natureza que devemos propor os estudos filosóficos sobre a linguagem.

Síntese

Neste capítulo, vimos que o problema da linguagem, segundo os representantes do neopositivismo vienense, é encontrar um modo de elaborar, a exemplo das ciências naturais, enunciados que possam ser admitidos em sentido unívoco. Já de acordo com os estruturalistas, principalmente Saussure, vimos que a linguagem constitui um sistema de símbolos, que, em sua estrutura, permite uma infinita variedade de combinações, o que impossibilitaria a concepção de uma linguagem unívoca. Destacamos também como tal noção serviu de base para a teoria de outros filósofos da linguagem, como Wittgenstein, que propôs os jogos linguísticos, ou seja, uma demarcação das combinações validadas na comunicação envolvendo os elementos que figuram nesse jogo.

Indicações culturais

Livro

CARROLL, L. **Alice no país das maravilhas**. Tradução de Rosaura Eichenberg. São Paulo: L&PM Pocket, 1998.

Uma garota curiosa que, ao correr à procura de um coelho embrenhado em uma toca, termina por nos proporcionar jogos linguísticos impressionantes dentro do mundo da fantasia.

Filmes

DOZE homens e uma sentença. Direção: Sidney Lumet. EUA: United Artists, 1957. 96 min.

A capacidade retórica em um caso de assassinato é o mote sob o qual a obra se realiza. Quando um grupo de jurados se reúne para sentenciar um acusado, eles retomam cada passo da argumentação da defesa e da acusação, até poderem concluir por um único veredicto.

O JOGO da imitação. Direção: Morten Tyldum. EUA: Warner Bros. Pictures, 2014. 114 min.

O filme retrata a saga vivida pelo matemático inglês Alan Turing e por sua equipe durante a Segunda Grande Guerra para decifrar o código da máquina alemã Enigma.

A ORIGEM. Direção: Christopher Nolan. EUA/Reino Unido: Warner Bros. Pictures, 2010. 148 min.

Como seria entrar no sonho de outra pessoa? Como se comunicar dentro de um sonho? Estas são algumas das indagações levantadas e postuladas nesse filme, que utiliza de diversos tipos de linguagem para contar uma aventura de tirar o fôlego. Como se isso não bastasse, a obra também nos faz questionar: como conseguir sonhar dentro de um sonho?

Atividades de autoavaliação

1. Assinale a alternativa que melhor define o conceito de *fato atômico* segundo Russell:

   a) Trata-se de um raciocínio por meio do qual, com base em duas proposições lógicas, pode-se concluir uma terceira: A→B, B→C; logo A→C.

   b) Trata-se da ideia de que a representação não depende de nenhuma experiência para fazer sentido na consciência do sujeito.

   c) Trata-se de uma proposição lógica, do tipo "A é B", que sempre se refere a algo da realidade passível de se verificar na experiência.

   d) Trata-se do conceito de que o objeto, em sua essência, é captado pelo sujeito, ou seja, não precisa existir como experiência.

2. Assinale a alternativa que apresenta a corrente filosófica que foi influenciada pelo *Tractatus* de Wittgenstein:

   a) Idealismo. Desde Platão até hoje essa obra é essencial; sem ela a filosofia da linguagem seria impensável.

   b) Neopositivismo do Círculo de Viena. O *Tractatus* de Wittgenstein foi a base das pesquisas dessa corrente no campo da linguagem.

   c) Nominalismo. O *Tractatus* serviu de inspiração para essa corrente tratar da discussão sobre a linguagem.

   d) Realismo. Já na Antiguidade, com Platão e principalmente com Aristóteles, o *Tractatus* determina a forma de se conceberem os signos.

3. Assinale as alternativas que melhor definem a expressão *erros das categorias*, de Ryle:

   a) Expressão utilizada em referência ao fato de que o trabalho filosófico nunca está certo, pois sempre resta algo por fazer.

   b) Expressão utilizada em referência ao fato de que o trabalho do filósofo deveria primar pela definição dos conceitos, na medida em que, por meio deles, descobre, passa a se readequar e se afasta de erros lógicos.

   c) Expressão utilizada para designar as formulações filosóficas das teses que não se sustentam após serem examinadas com rigor lógico.

   d) Expressão utilizada em referência ao fato de que nada está errado, desde que as categorias provêm da inconstância da linguagem em seus signos, isto é, dependendo da interpretação, tudo pode estar certo.

4. Assinale a alternativa que contém o princípio de fundamento para as teses do neopositivismo vienense:

a) O princípio da verdade, pois tudo que possa ser dito verdadeiro assim o é; a menos que se prove sua verdade na alma humana, o objeto é falso.

b) O princípio da não contradição, ou seja, não se pode ao mesmo tempo afirmar e negar uma coisa considerando-se o mesmo aspecto.

c) O princípio da causalidade, fundamentalmente o da causalidade final, pois é esse princípio que responde pela possibilidade de origem de tudo.

d) O princípio de verificação, o qual preconiza que somente fatos empíricos são passíveis de serem expressos em proposições com sentido.

5. Assinale a alternativa que melhor descreve a efetivação do poder disciplinar para Foucault:

a) O poder disciplinar é responsável por fazer com que o sujeito se enquadre em seu próprio círculo de decisões. Ele possibilita que todos, de maneira livre, escolham as regras, sem serem punidos se não as cumprirem.

b) O poder disciplinar é a forma coercitiva de construir uma sociedade que, aos poucos, percebe o quanto ele é benéfico. Depois que internalizam as regras, todos passam a ensinar aos demais como se comportar. Por isso a disciplina é fundamental para o uso livre da razão humana.

c) O poder disciplinar é o responsável por formar o indivíduo e engendrar a individualidade. Nesse sentido, o poder disciplinar opera sobre o sujeito por meio dos mecanismos de controle.

d) O poder disciplinar é a forma empregada pela sociedade para dizer se um sujeito pode governar os demais sem governar a si próprio. Assim, todos podem ser livres de maneira disciplinada, e não de maneira anárquica.

Atividades de aprendizagem

1. Como se compõem as proposições atômica e molecular?

2. Qual é a relação direta entre a teoria das descrições e o atomismo lógico?

3. De que maneira Wittgenstein entende que a linguagem com sentido descreve fatos no mundo?

4. Qual é a visão sobre a linguagem inaugurada pela teoria dos jogos linguísticos?

5. De que maneira podemos entender que a postura antimetafísica é deixada de lado pela abordagem da linguagem de John Wisdom?

6. Segundo Austin, como devemos entender a linguagem por meio dos atos de fala?

7. Por que o princípio de verificação exclui proposições tidas como não científicas?

8. Como devemos entender o signo e qual é seu papel na linguagem?

9. Quais são os níveis de relações que os signos estabelecem?

10. Com base em quais elementos podemos entender que o sistema da linguagem humana é arbitrário?

11. De acordo com a filosofia estruturalista, qual é a importância do conceito de estrutura e como devemos entendê-lo?

12. Qual é o papel da linguagem para Saussure?

13. Para Lévi-Strauss, aquilo que o mito nos transmite não é um mero acaso. Segundo esse teórico, como devemos entender o conhecimento transmitido pelos mitos?

14. Explique por que, para Foucault, devemos entender que os saberes são interligados. De que forma isso gera poder?

5

Escola de Frankfurt

Neste capítulo, abordaremos a Escola de Frankfurt, a qual é constituída por um grupo de pensadores que surgiu do Instituto de Pesquisa Social na década de 1920, cujas principais pesquisas visavam à teoria crítica da sociedade. A partir de teses marxistas e de algumas teses hegelianas, os filósofos da Escola de Frankfurt produziram seus trabalhos com vistas a propor uma contrapartida à sociedade capitalista. Os frankfurtianos buscaram desenvolver uma proposta crítica que promovesse uma sociedade em que não houvesse as figuras de exploradores e explorados socialmente.

Contrastando com o trabalho da sociologia norte-americana, que tem por base o empirismo, os frankfurtianos pretendiam demonstrar que a teoria social é muito mais complexa do que uma análise econômica. Isso significa que a interpretação dogmática de alguns conceitos de Marx deveria ser deixada de lado se o intuito era conhecer, e de fato modificar, a sociedade e seu sistema exploratório (Adorno, 2002).

Como, para a teoria social, a análise da sociedade deve se dar buscando uma totalidade, as relações entre as instâncias econômicas, históricas, psicológicas e culturais inscrevem-se, necessariamente, no domínio da teoria crítica da sociedade (Adorno, 2002). Desse modo, a complexidade do tecido social nos obriga a aceitar a evidente relação que os diversos âmbitos (epistêmico, econômico, psicológico, produtivo etc.) guardam entre si.

Para Horkheimer (2010), que se tornou diretor do Instituto de Pesquisa Social em 1931, a teoria crítica deveria angariar os meios necessários para propor uma teoria da sociedade como um todo. Obviamente, como crítica, essa teoria deveria confrontar-se com o modelo da sociedade capitalista.

Tendo em vista que a teoria crítica da sociedade se voltava constantemente para a realidade presente, o contexto histórico e político é fundamental para que possamos entender as teses dos filósofos da Escola de Frankfurt, os quais, na época, viviam a ascensão do nazismo, do fascismo, do stalinismo e, posteriormente, vivenciaram a Segunda Grande Guerra e a Guerra Fria.

5.1
Theodor W. Adorno

Theodor W. Adorno (1903-1969), um dos principais frankfurtianos, procurou contrapor sua dialética negativa à concepção hegeliana. Segundo Adorno (2002), o elemento da dialética negativa não é a síntese a instaurar um valor absoluto (alcançado positivamente, por meio do sistema tese-antítese), como seria para Hegel. O singular, o diferente, aquilo que está à margem é que seria o efeito da negação dialética.

Portanto, a defesa do individual, da qualidade em oposição à massa hegemônica, é o que a dialética negativa busca operar. Crítico da cultura contemporânea, Adorno (2002) entende que a cultura hodierna (mídia, tecnologia, propaganda etc.) é um meio de consolidar o modelo capitalista de sociedade, impedindo que os fracos tenham voz diante de sua exploração.

André Müller

A indústria cultural, outro conceito de Adorno, serve-se da razão instrumental para manter o sistema inalterado, mantendo a alienação da maioria para haver o enriquecimento de uma ínfima parcela de indivíduos.

5.1.1 *Dialética negativa*

A dialética negativa seria um método de negar a identificação direta entre realidade e pensamento, recorrente principalmente na filosofia de Hegel. A proposta de Adorno tem por objetivo mostrar que a filosofia não dá conta de abarcar o todo, como se diz capaz de fazer.

A filosofia entendida por meio de uma síntese ou de *teorias positivas* – nome que Adorno emprega para as correntes filosóficas – remete ao trabalho filosófico como superficial em relação ao estado presente das coisas. Para Adorno (2009), a teorias positivas são tão somente ideologias. "A objetividade definida como resíduo após a retirada do sujeito não é senão uma macaquice. Ela é o esquema inconsciente de si mesmo, ao qual o sujeito subsume o seu outro" (Adorno, 2009, p. 226).

Desse modo, é por meio da não identidade e da descontinuidade entre a realidade e o pensamento – somente mediante a negação, portanto – que se abre a possibilidade de desmascarar o real, tendo em vista que não há harmonia nos estados das coisas como são. É a contrariedade, a negação entre ser e pensamento, que revela a sociedade sem máscara e permite vislumbrar ações transformadoras, promovidas pela revolução (Adorno, 2009).

Na batalha contra a homogeneidade, os indivíduos não devem mais ser deixados de lado, como até então propunham os sistemas filosóficos. Cabe agora, por meio da dialética negativa, carregar o indivíduo de significado e poder. É preciso mostrar que o muro de segurança em torno da "totalidade" pretensa dos sistemas filosóficos e políticos pode ser derrubado.

5.1.2 *Dialética do esclarecimento (Aufklärung)*

O esclarecimento (*Aufklärung*) é a razão instrumental em seus traços e juízos acabados. Analisando a sociedade capitalista moderna, constituída em seu viés tecnológico, Theodor Adorno, em parceria com Max Horkheimer, acredita ser possível demonstrar que a construção social moderna é resultado do processo dialético do **esclarecimento** (Adorno; Horkheimer, 1985).

Ao afirmarem que o pensamento moderno é fruto do esclarecimento, os filósofos se referem ao movimento iluminista que atingiu toda a produção humana a partir do século XVII e teve seu expoente máximo na Revolução Francesa, de 1789. O desenvolvimento do pensamento iluminista (*Aufklärung*) constituiu o homem como senhor de si e, por extensão, permitiu que ele se apropriasse de toda a natureza (Adorno; Horkheimer, 1985).

No entanto, com esse amplo domínio humano, o que se configurou, de fato, foi a recorrente capacidade humana para a autodestruição e a aniquilação do próprio homem. Como prova disso, temos a desenfreada corrida armamentista e o próprio terror das grandes guerras, com suas armas de destruição em massa. Como se isso não fosse o bastante, ainda podemos citar os exemplos dos campos de trabalhos forçados e de extermínio, como o de Auschwitz*.

A razão instrumental que opera objetivando a finalidade utilitária desconsidera se os meios empregados para atingir determinado fim (o progresso) seriam lícitos, isto é, dignos da razão de ser do humano (Adorno; Horkheimer, 1985). Essa razão é o "motor" do progresso e faz da sociedade um mero fim a ser administrado. Nesse processo, o indivíduo desaparece diante da crescente produção de bens em escala, mediada por tecnologias instrumentais que estão nas mãos de um pequeno grupo dominante, o qual almeja garantir e manter o progresso (Adorno; Horkheimer, 1985).

À medida que cada vez mais se produz e consome, a vida se restringe ao funcionamento dessa cadeia de relações, como se fosse a condição única para a sociedade humana existir. A objetividade da produção e do consumo exacerbados visa manter a sociedade segundo a lei do mercado. Com isso, despersonificam-se quaisquer instâncias da vida. Não há atividade humana propriamente dita, tudo é produção e consumo com vistas ao alcance do progresso.

5.1.3 Indústria cultural

O que mais contribui, segundo Adorno (2002), para a sociedade moderna se constituir e se manter como sociedade totalmente administrada pela lógica do esclarecimento é a indústria cultural, a qual

---

* Uma importante referência sobre essa temática encontra-se no texto de Horkheimer. Cf. Adorno, 2015.

manipula os interesses das massas em favor do consumo desenfreado de mercadorias produzidas a todo custo.

A mídia (rádio, cinema, TV) e, em geral, a propaganda operam como máquina a favor do sistema (sociedade totalmente administrada pela razão instrumental), mantendo o *status quo* da sociedade moderna. O poder constituído por meio desses meios determina as condutas a serem seguidas e os valores que devem manter-se em favor dessa sociedade. Utilizando-se da propaganda, a mídia engendra necessidades a fim de manter os sujeitos padronizados, estipulando um modelo a ser seguido (Adorno, 2002).

Ao adotar os padrões determinados midiaticamente, o indivíduo é aniquilado, o que faz com que todos ajam e pensem, em geral, da mesma forma (Adorno, 2002). Mesmo o lazer, que deveria se opor ao trabalho, acaba por obedecer à lógica do sistema, tendo em vista que, operado pela indústria cultural, não passa de mero consumo. Compramos, a todo momento, somente o que o sistema admite. Somos considerados não como indivíduos, mas como seres substituíveis. Mediante a lógica do sistema – formado pelo progresso tecnológico e idealizado pela razão instrumental – somos descartáveis.

5.2
Max Horkheimer

A *crítica da* razão, sobretudo da razão instrumental, é a principal análise de Max Horkheimer (1895-1973) em sua obra *Eclipse da razão: crítica da razão instrumental*, de 1947. Para Horkheimer, a absolutização das instituições humanas, operada pelo processo da razão instrumental, determinou a sociedade moderna e seus anseios por obter cada vez mais lucro. Isso fez da razão uma prisioneira que opera somente na objetivação dos fins do sistema, como se isso fosse o fim, a meta a ser alcançada por todos os indivíduos (Horkheimer, 2010).

Na verdade, o que se alcançou com esse modo de operar da razão foi o fascismo, o domínio pela força de tudo o que se possa controlar. Esse papel, em última instância, cabe principalmente ao Estado, o qual, segundo Horkheimer (2010), em seu capitalismo exacerbado, contido na figura do consumismo, encerra a administração da vida na sociedade moderna. Desvinculado da objetivação do lucro das grandes companhias, o indivíduo se vê cercado pelas amarras da administração, que continua a lhe conferir padrões de controle.

A razão instrumental coloca o homem no plano da mera instrumentalização, tornando-o apenas uma ferramenta empregada para dominar a natureza. Ao cumprir um papel, como meio para se alcançar um fim, o ser humano torna-se impessoal.

O progresso tecnológico empregado nesse modo de instrumentalização acaba por desumanizar o homem. Assim, a ideia de homem é substituída pela necessidade de transformar e dominar a natureza. Aquilo que deveria ser fim em si mesmo, a noção de humanidade, passa a ser meio: o modo pelo qual a natureza deve ser conformada (Horkheimer, 2010).

Quando a razão deixa de ser autônoma na proposição e promoção dos fins humanos, ela passa a operar como base para os fins do sistema. A razão perdeu a prerrogativa de determinar e orientar a humanidade para seu fim, pois serve a um sistema que visa continuar no controle da situação, tornando-se instrumento.

O intuito é demonstrar o quanto a instrumentalização da razão não considera a ideia de humanidade. É diante do entendimento do que o sistema considera como *razão* que se torna possível criticar o modo irracional de definir tal conceito.

A concepção do homem instrumentalizado é a de que a natureza não lhe diz respeito, senão como meio que lhe permite instaurar-se e estar acima dessa natureza. Tal concepção encerra um pensamento utilitarista: somente tem valor e é digno de ser apreciado o pensar que possa render lucro (Horkheimer, 2010). Esse tipo de pensamento corrobora a obediência às normas de quem domina o grande capital ou daqueles que dominam o trabalho (grandes companhias e o Estado). Visando à manutenção desse modelo social, a **cultura de massa** insiste em vender o que já temos, a vida que já levamos e não aprovamos de todo (Horkheimer, 2010). Até mesmo o lazer (o ócio) é medido com base na atividade produtiva – se demais, o lazer é tido como vício. Para a razão instrumentalizada, o lazer somente é bom quando não prejudica o trabalho. Mas o lazer não é exatamente o que se contrapõe ao trabalho? Ora, a "divindade" que se tornou a atividade industrial consideraria tal questão como subversão revolucionária.

Tudo o que for *contraproducente* (outro termo criado pela sociedade moderna capitalista) é descartado, não tem valor algum. Isso faz da **produtividade** a meta final do sistema, que prescinde da necessidade de todos, segundo as medidas e as regras ditadas pelas instâncias do poder instituído, para o qual tudo vira mercadoria.

Diante disso, será que há um preço quando o objeto em questão é o homem? Como romper com esse modelo de razão instrumental quando ele parece ser eterno na sociedade moderna capitalista? Seria possível contornar a situação a que chegou a sociedade moderna?

Embora os domínios e usos que a sociedade moderna capitalista faz da razão e do indivíduo humano pareçam totalizantes, Horkheimer e Adorno fornecem pistas para nos desvencilharmos das amarras do sistema e da operação da racionalidade instrumental. Diante de tudo isso, o papel da filosofia* é o de proclamar o quão falho é para a ideia

---

* De grande importância para essa questão é a exploração que Horkheimer faz do conceito de *filosofia* (título do último capítulo de seu texto). Cf. Horkheimer, 2010, p. 167.

de humanidade o que o sistema se permite quando instrumentaliza a razão (Horkheimer, 2010).

O sistema termina por fazer da sociedade e do indivíduo meros joguetes que respondem a interesses que se conflagram, ao fim e ao cabo, na dominação do homem pelo homem. A voz que não se deve calar é aquela que proclama as atrocidades promovidas pela razão instrumental, almejando romper com a realidade que pauta a lógica de mercado: tudo está à venda, inclusive o ser humano.

Para tanto, a solução proposta parece indicar uma mudança de perspectiva sobre a realidade das coisas e do próprio papel do homem como ser de razão. Se a construção da sociedade moderna se deu da forma como indicam Horkheimer e Adorno, certamente os meios tornaram-se mais importantes que os fins, o que indica que tal construção social é histórica, isto é, construída.

> A razão perdeu a prerrogativa de determinar e orientar a humanidade para seu fim, pois serve a um sistema que visa continuar no controle da situação, tornando-se instrumento.

A crítica da razão instrumental como operação padrão da sociedade moderna capitalista visa, por fim, demonstrar que a absolutização (dar o valor de absoluto) de quaisquer que sejam as ideias ou instituições é passível de reprovação.

5.3
Herbert Marcuse

A possibilidade de uma civilização não repressora é a proposta analisada e defendida por Herbert Marcuse (1898-1979) em sua obra *Eros e civilização*, de 1955. Esse frankfurtiano parte da constatação freudiana de que o processo civilizatório, isto é, a cultura, culmina no processo repressivo dos impulsos instintivos do homem. Disso resulta que o homem civilizado é o animal domesticado em seus instintos.

Para Marcuse (1975), não é de todo verdade que o processo civilizatório determina a subjugação total das pulsões humanas em favor da construção da sociedade civilizada. Deveríamos entender, segundo Marcuse (1975), que o sistema freudiano de sublimação*, que absolutiza a eterna luta entre o instinto e a razão, apresenta um caráter histórico e, portanto, não é imutável.

Mas o que Marcuse entende por *negação*? Primeiramente, aquilo que a civilização alcançou por meio do desenvolvimento tecnológico possibilita um tempo sobressalente em questão de descanso. Temos, hoje, em virtude da tecnologia, condições de produção que nos ocupam menos tempo de trabalho. Consequentemente, para Marcuse (1975), isso resulta em uma quantidade maior de tempo livre.

Dono de um maior tempo de ócio, o homem se vê livre para vislumbrar um aspecto diferente do mundo, que não seja somente aquele atrelado à produção e ao trabalho. Utilizar suas habilidades em seu tempo livre possibilita ao ser humano, segundo Marcuse (1975), elaborar outros meios de ser. Assim, é dada ao homem, por intermédio de sua obra, a capacidade de criar novos mundos (jogos de interação – homem/ mundo; humano/humano). Nesse sentido, o homem tem potencialidade e tempo para se reconciliar consigo e com o mundo ao seu redor, o que representaria, conforme Marcuse (1975), a libertação do *Eros* (amor fraterno) no processo civilizatório.

Contudo, dadas as condições objetivas para a sociedade se desvencilhar do processo produtivo opressor, por que isso não acontece de fato?

---

*   Esse sistema pode ser resumido, de forma simplista, como o deslocamento da obtenção imediata de prazer por meio dos instintos para uma satisfação mediata por meio do princípio de realidade instituído por leis sociais da civilização.

Por que nós, homens modernos capitalistas, não sobrevalorizamos o tempo livre para a criação de mundos alternativos e libertários, mas, ao contrário, tomamos o tempo livre, na maioria das vezes, como tédio e ócio improdutivo?

Para Marcuse (1975), a resposta parece simples: o progresso tecnológico não age sozinho. Isso significa dizer que, embora as condições estejam estipuladas e seja possível um novo modo de viver em sociedade – mantendo-se ou mesmo aperfeiçoando-se ainda mais o exercício da livre determinação de si –, o poder instituído é consciente da falseabilidade de todo projeto humano. Desse modo, ele parece indicar que é melhor viver com o mínimo de liberdade criativa possível (quase nula, porque somente se é livre para criar o que o sistema consome), restringindo todo ímpeto instintivo, do que tentar melhorar a sociedade já instituída por meio da restrição dos impulsos passionais.

Tudo indica, na fala de Marcuse (1975), que o medo do desconhecido é mais forte que a possibilidade de se alcançarem melhores ares para nossos pulmões industriais (Marcuse, 1975). Nosso potencial criativo é suprimido em favor de uma necessidade causada pela manutenção do estilo de ser e pensar. Portanto, cabe à filosofia, que traz em sua gênese a incerteza, promover a denúncia e a elucidação, ainda que momentânea, de outra visão de mundo, de outra sociedade.

De acordo com Marcuse (1975), a filosofia pode estabelecer um novo modo de operação, promovendo a adoção de um novo paradigma que venha a guiar, não de modo absoluto, mas como meta, os rumos do processo civilizatório, que nunca se deve dar por acabado.

Síntese

Como vímos neste capítulo, a Escola de Frankfurt constitui um grupo de pensadores que voltaram suas forças para criticar os ideais do esclarecimento. Tudo o que exaltou a racionalidade moderna, principalmente sob as palavras propagandistas do ideal iluminista (razão, progresso, maquinização do trabalho), foi alvo dos frankfurtianos. A sociedade capitalista, tal como se instalou, não passará incólume ao olhar arguitivo de pensadores da envergadura de Adorno e Horkheimer.

Indicações culturais

Livro

ZUSAK, M. **A menina que roubava livros**. Tradução de Vera Ribeiro. Rio de Janeiro: Intrínseca, 2007.

Por meio da história de uma pequena garota francesa criada por uma família alemã durante a Segunda Grande Guerra, encontramos o questionamento dos motivos da guerra por parte de alemães ditos não cultos ou letrados. É interessante a inversão de valores, primeiramente epistemológicos, que o autor dessa obra propõe. As questões levantadas para encontrar motivos razoáveis para a guerra vêm de pessoas comuns, enquanto os intelectuais (talvez por receio ou porque já haviam sido apanhados pelo regime) não figuram no plano questionador.

Filmes

TEMPOS modernos. Direção: Charlie Chaplin. EUA: Charles Chaplin Productions/United Artists, 1936. 87 min.

A produção em massa e a técnica da produção industrial, que terminam por condicionar o homem e torná-lo uma mera peça na lógica operacional, são denunciadas nessa bem-humorada comédia.

A LISTA de Schindler. Direção: Steven Spielberg. EUA: Universal Studios, 1993. 195 min.

Essa obra procura mostrar as ações de um influente industrial alemão no resgate de trabalhadores judeus. Por meio dessa atitude, podemos refletir sobre a crise da razão instrumental em seu ápice, ou seja, quando a racionalidade é aplicada no desenvolvimento dos campos de trabalho e extermínio empregados pelos alemães durante a Segunda Grande Guerra.

QUANTO vale ou é por quilo? Direção: Sérgio Bianchi. Brasil, 2005. 110 min.

Por meio da triste realidade de uma comunidade carente, toca-se na árdua questão da exploração humana e da condição miserável de alguns seres humanos. Qual é o tipo de razão que se encontra por detrás da irracionalidade da fome e da pobreza? Eis o que podemos nos questionar por meio desse filme.

Atividades de autoavaliação

1. Assinale a alternativa que melhor descreve a problemática dos teóricos da Escola de Frankfurt:

    a) Eles se dedicaram ao estudo dos princípios da física, tendo por objeto a exposição e a validade do elemento primordial que compõe todas as coisas desde o princípio da filosofia.

b) De modo específico, os pensadores da Escola de Frankfurt tinham por objeto de estudo a problemática filosófica da sociedade. Com efeito, todo o desdobramento das relações do tecido social compõe as teses frankfurtianas.

c) Eles se lançaram ao estudo de toda possibilidade de conhecimento, tendo como objeto de investigação a forma como o ser humano conhece. Por isso, o tema principal dos frankfurtianos é a gnosiologia e, mais recentemente, a epistemologia.

d) De modo particular, os pensadores da Escola de Frankfurt tinham por objeto de estudo a ética crítica. Com base nos estudos de Kant, os frankfurtianos buscaram demonstrar que a ética é composta por elementos subjetivos e não implica um reflexo no âmbito social.

2. Assinale a alternativa que contém o significado de *esclarecimento* para a Escola de Frankfurt:

a) Para os frankfurtianos, o esclarecimento é a saída da menoridade e a tomada de consciência de si mesmo como sujeito moral e livre. Portanto, dele somente podem advir coisas boas para a sociedade.

b) Para os frankfurtianos, o esclarecimento é a razão instrumental, a ideologia que apregoa qualquer ação sob a alcunha da racionalidade, não importa o quão prejudicial ela seja para a sociedade.

c) Para os frankfurtianos, o esclarecimento é a entrada na maioridade e a saída da ignorância, a qual nos leva a adotar um padrão de comportamento determinado pelos costumes sociais.

d) Para os frankfurtianos, o esclarecimento é a razão passional, conceito que podemos entender somente se levarmos em conta o tecido social antigo, pois atualmente não tem sentido. Seria uma "des-razão".

3. Assinale a alternativa que melhor explicita o conceito de *dialética negativa* para Adorno:

a) A dialética negativa é um meio de dizer que o diálogo sem controvérsias é a melhor forma de aperfeiçoar o pensamento.

b) A dialética negativa é uma expressão que simboliza o quão idênticos são o real e o imaginário. Um só existe em função do outro, negando-se.

c) A dialética negativa é um meio de se fazer uma negação sem diálogo com seu interlocutor, pois ele já sabe que é verdade o contrário do que se pensa.

d) A dialética negativa é um modo de negar a identificação direta entre realidade e pensamento.

4. Assinale as alternativas que melhor explicam o que é a cultura de massa:

a) Trata-se da cultura que é feita para todos os gostos, sem nenhuma distinção.

b) Trata-se de um tipo de cultura que nivela os espectadores da arte, sempre os tomando como incapazes de apreciar algo complexo e mais elaborado.

c) Trata-se da elitização do público, mostrando que o popular é o que deve ser manifesto em todos os espaços da arte de maneira sofisticada.

d) Trata-se da formatação da arte em um modelo de representação cujo principal objetivo é a capitalização de lucro com a exposição do material da arte. Trata-se da primazia da quantidade sobre a qualidade.

5. Assinale a alternativa que apresenta o papel da filosofia segundo Horkheimer:

a) O papel da filosofia é proclamar o quão falho é, para a ideia de humanidade, aquilo que o sistema se permite quando instrumentaliza a razão.

b) O papel da filosofia é mostrar que tudo o que a propaganda faz é errado se não dissemina o amor entre os seres humanos.

c) O papel da filosofia é proclamar que o tempo da reflexão chegou ao fim, ou seja, que o homem deve agir antes que seja tarde. Democratizar a palavra foi o primeiro passo para que seja possível derrubar o sistema vigente.

d) O papel da filosofia é guiar as demais ciências. Para tanto, é necessário que todos os demais saberes, principalmente os religiosos, devolvam o espaço que antes somente a filosofia ocupava.

Atividades de aprendizagem

1. O esclarecimento, segundo os frankfurtianos, é responsável por quais formulações na sociedade moderna?

2. Você já deve ter tido contato com diversas campanhas de *marketing* e com milhares de campanhas publicitárias. Desse modo, elabore um pequeno texto (15 linhas) descrevendo o que lhe costuma chamar a atenção em um anúncio propagandístico. Descreva uma experiência agradável e outra em que não se sentiu confortável diante do produto anunciado.

3. Qual é o elemento característico da indústria cultural?

4. Existe uma formulação na qual Marcuse crê ser possível superar os limites da sociedade massificada. Elabore um resumo das concepções de Marcuse evidenciando os contributos sociais que propôs.

6

Problemas contemporâneos

Neste capítulo, veremos como John Dewey, ao definir sua filosofia pragmática, instituiu a experiência como forma válida de obtenção e comprovação do conhecimento. É por meio da experiência que o homem busca dar significado às coisas e aos acontecimentos do mundo. A concepção de Dewey sobre a realidade do mundo – o qual é destituído do poder do pensamento reflexivo do homem – revela quão necessárias são a filosofia e a educação filosófica a fim de permitir ao homem o conhecimento e a aplicabilidade prática (por meio da ética) dos saberes adquiridos. Assim, será possível perceber que a reflexão que abarca a experiência de vida é, na verdade, a própria filosofia, usada como instrumento que permite ao ser humano dotar de sentido a realidade que o cerca.

Também veremos, neste capítulo, como John Rawls propõe, por meio de uma ferramenta intelectual chamada *posição originária*, uma possibilidade de repensar a condição de justiça social. Utilizando a noção de equidade entre os pares de determinada sociedade, poderíamos pensar que, se os indivíduos não soubessem de suas futuras atribuições sociais, buscariam instituir leis que não os prejudicassem futuramente. Assim, a intenção de Rawls é demarcar o campo da justiça, a fim de estipular quais instituições, em nossa atual sociedade, operam justa ou injustamente. Também propõe a determinação de um contrato social que vise equilibrar a situação entre favorecidos e menos favorecidos.

6.1
Instrumentalismo

Foi o próprio John Dewey (1859-1952) quem deu o título de *instrumentalismo* à sua filosofia, a qual tem no conceito de *experiência* (diverso daquele consagrado pela filosofia empirista) sua principal chave. Tal conceito é amplo e complexo, uma vez que remete à história. Não se traduz em consciência clara e distinta dos objetos do mundo; trata-se, sim, da composição de todos os acontecimentos da vida humana. Nesse sentido, a experiência não se reduz ao conhecer. Com efeito, tudo o que o homem possa viver como experiência (devaneios, contradições, sonhos, engodos, desastres etc.) configura-se no conceito definido por Dewey (1958).

6.1.1 A importância da experiência

O pensamento como atividade produtiva, instituído pelo processo evolutivo, permite ao homem superar as dificuldades que o ambiente traz à sua existência. É por meio da pesquisa, que é conhecimento, que o homem encontra a maneira necessária para transpor os obstáculos da vida. O ser humano, para Dewey, produziu certos conhecimentos que lhe possibilitaram viver da melhor forma que acredita ser possível. Nesse aspecto, o instrumentalismo engendra um modo de pensar que compreende que o homem, perante a realidade que o cerca, quer se adequar a ela, corrigi-la ou transformá-la (Dewey, 1959b).

Em oposição ao que Dewey chama de *filosofias do medo*, ele propõe um método filosófico que tem na pesquisa o principal modo de operar as bases instrumentalistas. As filosofias do medo, para Dewey (1997a), seriam os tipos de pensamento – como o fantástico-mágico, que encontramos no pensamento mítico, e os sistemas simplificadores dos filósofos – que, ao simplificarem a realidade, acreditam diminuir ou dirimir os problemas para os quais não conseguem propor soluções. Portanto, nesse caso, desresponsabilizariam o homem.

Contra os "filósofos do medo", Dewey propõe o **pensamento reflexivo**, o qual deve captar os eventos como eles se apresentam em toda sua complexidade, para depois propor uma solução levando em conta todos os campos da vida humana: ética, religião, economia, sociedade etc. A experiência de Dewey não pode ser reduzida ao campo da mera instância da consciência clara e distinta, a exemplo dos empiristas, pois o campo experiencial ao qual ele se refere admite uma complexa teoria da sensibilidade. Essa experiência decorre da capacidade humana de tirar um aprendizado de tudo aquilo que se manifesta na vida, não se reduzindo ao conhecimento (Dewey, 1958).

De modo complexo, porém distinguindo experiência e conhecimento, podemos diferenciar, conforme Dewey, aquilo que conhecemos daquilo que vivenciamos de fato. Dessa diferenciação resulta a compreensão, segundo a filosofia do instrumentalismo, de que o mundo como acaso, cenário de incerteza e instabilidade, é perigoso de se viver. Contudo, se nesse mundo o homem é cercado pela natureza (ele próprio é natureza), ele é capaz e tem o dever de mudar sua própria condição, conferindo sentido às coisas do mundo (Dewey, 1959a). Se o mundo for deixado a si próprio, ao que nos parece, nada se poderia esperar, senão a lei do acaso. Procurando superar sua existência no mundo sem sentido, se for deixado a si próprio (como natureza bruta), o homem buscará engendrar ideias que lhe permitam estabilizar seus anseios e medos. Na verdade, foi isso que, até então, tinham feito todas as filosofias que buscaram encarar a mudança (o devir desde Heráclito) como um processo que resultaria ou se encaminharia para um fim harmonioso. Trata-se das filosofias do medo, que buscaram negar o temor que há no acaso.

As filosofias do medo, bem como os modos de pensamento que as seguem, estipulam, de maneira simplista por meio da metafísica, a dissolução da irracionalidade, da desordem, do mal, do erro. Todavia, essas instâncias são intrínsecas ao existir humano e, por isso, representam o que deveria tornar a existência no mundo rica e prenha de possibilidades, ainda que perigosas.

Nesse sentido, a pesquisa é a busca pelo saber. Ela faz com que tenhamos uma conduta e modos de raciocinar de maneira a nos responsabilizarmos pelas criações necessárias à nossa existência. É por conta desse processo criativo que a pesquisa proposta pela filosofia instrumentalista lograria êxito.

Não há absolutismo da verdade na filosofia de Dewey (1959b). A pesquisa é o meio pelo qual ele entende o conhecimento. Sempre estaríamos buscando nos adaptar ao ambiente, em todas as suas possibilidades e dificuldades. Assim, as práticas que se verificam como melhor forma de adaptação para nosso existir se tornam conhecidas – as práticas que têm êxito tornam-se conhecimento.

O pensar reflexivo é o tipo de instrumento que nos permite propor soluções aos problemas que enfrentamos. Isso porque, na situação-problema, buscamos **demarcar o terreno**, sabendo realmente do que se trata, o que nos permite **avançar** ou propor uma solução possível. Ao refletirmos sobre o problema, antecipamos uma possibilidade de solucioná-lo, experimentando o que acontece, ou o que deveria acontecer, para nossa melhor existência. Para tanto, procuramos empregar, posteriormente, tudo aquilo que desenvolvemos em nosso processo reflexivo do pensar (Dewey, 1959b).

Ao refletirmos, partimos de ideias cujos sentidos progridem à medida que o processo de raciocinar avança, permitindo que possamos alcançar seus efeitos. Ao nos depararmos com uma problemática, antecipamos idealmente e mentalmente o que faremos para solucioná-la. Tal antecipação já nos leva à experimentação.

Nossa reflexão assume o papel de guia para executar aquilo que propomos como resposta aos problemas. Quando colocamos em prática (experimento) aquilo sobre o que refletimos, podemos comprovar se a nossa solução ideal será realmente adequada. Assim, saberemos se ela é a melhor solução ou se deve ser repensada, corrigida ou mesmo descartada.

Para Dewey (1959b), a **educação filosófica** propicia aos homens uma habilidade cada vez maior para pensar reflexivamente. Assim, o papel da **filosofia** seria o de permitir uma distinção clarificadora entre os **valores de fato** e os **valores de direito** com base nas ideias validadas pelas práticas na resolução dos problemas do mundo, ao passo que a **teoria dos valores** (a ética) seria responsável por instituir o que promove e deve ser buscado pelo indivíduo humano. Portanto, segundo Dewey (1959b), a filosofia corresponderia à análise e à promoção de novos objetivos mediados por novos valores.

Assim, a educação filosófica tem por meta nos ensinar a postura reflexiva diante dos valores humanos mais importantes, de modo que possamos aprender sobre a reflexão em nível problemático (Dewey, 1959a).

Em outras palavras, buscando superar os obstáculos impostos pela vida, a reflexão nos permite alcançar soluções técnicas (via ciência) e soluções éticas (via filosofia). Na realidade, é fácil perceber que tanto a técnica como a ética, ao se remeterem ao pensamento reflexivo, não podem prescindir do pensamento filosófico. É a filosofia, nesse caso, o instrumental que possibilita a resolução dos problemas existenciais (Dewey, 1959a).

Comprovando seu valor no embate com os obstáculos da realidade, nossas ideias nos convocam a participar da elaboração de novos ideais, a fim de conduzir, racionalmente, nossas ações (Dewey, 1959a). No plano moral, todas as ideias (religiosas, políticas etc.) devem passar pelo crivo da prática para que possam, se preciso, ser reelaboradas e novamente postas à prova.

Uma vez que a prática valide a reflexão, passamos a adotá-la. Contudo, é preciso ressaltar que a adoção das práticas não é permanente. Como os valores são históricos, para Dewey (1959a), é tarefa da filosofia constantemente questionar-se a respeito das práticas adotadas, com o intuito de aperfeiçoá-las, tendo em vista que as condições da existência nunca são estáticas.

Assim, concluímos que a filosofia e a ética são responsáveis por promover a ininterrupta reelaboração crítica dos valores sociais humanos, com o objetivo de enriquecer e aperfeiçoar os valores de direito que a humanidade estipula a si mesma.

6.2

Neocontratualismo

A *intenção de* John Rawls (1921-2002) liga-se ao contratualismo de Locke, Rousseau e Kant, em oposição ao utilitarismo de Hume, Benthan e Mill. O que pretende Rawls é formular as bases de uma sociedade libertária e conduzida pelo ideal de justiça. Nesse sentido, a justiça seria, para as instituições sociais, o equivalente ao que a verdade é para os esquemas de pensamento na elaboração de teorias: faltando a verdade, as teorias são abandonadas ou corrigidas.

Para Rawls (1997), não importa o funcionamento ou a eficiência das instituições se elas não forem justas. Mas o que torna as instituições e as leis justas?

6.2.1 *Posição originária – véu de ignorância*

A posição originária é um recurso heurístico* pelo qual Rawls entende que os indivíduos estariam reunidos para determinar um contrato. O peculiar dessa noção é que os sujeitos se encontrariam em posição de equidade em virtude do véu de ignorância, o qual determina que os indivíduos desconhecem quaisquer prerrogativas que lhes permitam, *a priori*, saber sobre a posição que vão ocupar na sociedade que estão elaborando.

O véu de ignorância é uma condição tão natural que já deve ter ocorrido a muitas pessoas. A formulação apresentada no texto está implícita, julgo eu, na doutrina kantiana do imperativo categórico, tanto no modo como esse cenário procedimental é definido quanto no uso que Kant faz dele. Assim, quando nos sugere testar nossa máxima ponderando como as coisas se passariam se ela fosse uma lei universal da natureza, Kant tem de supor que **não conhecemos nosso lugar dentro desse sistema natural imaginado**. (Rawls, 1997, p. 166, grifo nosso)

Em outras palavras, o véu da ignorância está presente quando os sujeitos não conhecem o modo como suas escolhas, na determinação das leis do contrato social, vão destiná-los aos papéis que desempenharão

---

* Proposições ou conceitos heurísticos operam no lugar de coisas ou situações, isto é, supondo como poderia ser realmente o caso. Encontramos importante trabalho sobre o uso das proposições e conceitos heurísticos em Vaihinger (2011).

na sociedade a ser construída. Desse modo, obrigam-se a considerar de maneira geral as alternativas, pois não conhecem sua posição social, sua condição econômica, suas habilidades intelectuais e sua força física. Além disso, desconhecem a situação da própria sociedade em que vão inserir-se. Estão às cegas!

Assim, a posição originária toma todos como iguais perante o véu de ignorância. Para Rawls (1997), isso implica que todos adotem princípios universais de justiça ao escolher as leis e determinar o contrato social. Com base em sua racionalidade, uma vez que não sabem se suas escolhas trariam benefícios futuros, ao menos podem precaver-se de serem prejudicados de todo no exercício autônomo de suas potencialidades como seres de razão e liberdade.

Esses argumentos levam à escolha de um regime que garanta a liberdade moral, a liberdade de pensamento e a de crença, e de prática religiosa, embora essas liberdades sempre possam ser reguladas pelo interesse do Estado na segurança e na ordem públicas. O Estado não pode favorecer nenhuma religião específica e nenhuma penalidade ou incapacitação legal pode estar vinculada a uma dada afiliação religiosa ou ausência dela. Rejeita-se a ideia de um Estado confessional. (Rawls, 2005, p. 260-261)

Desconhecendo qualquer atribuição e capacidade dos outros e de si próprio, o indivíduo, na posição originária, procura escolher algo que englobe todos, sem privilégios. Os princípios de justiça, determinados por indivíduos em tal estado, formariam um contrato social de uma sociedade igualitária, uma vez que ninguém determinaria um contrato no qual amarraria a si próprio sem possibilidade alguma de, livremente, determinar seus atos. Todos os indivíduos nesse processo, em restrita obediência à razão, buscariam estipular leis contratuais que lhes permitissem o exercício de sua liberdade sem serem prejudicados por isso.

Assim, o que faremos é reunir em uma única concepção uma série de condições impostas a princípio que, após cuidadosa ponderação, estamos dispostos a reconhecer como razoáveis. Essas restrições expressam o que estamos dispostos a considerar como injunções a termos equitativos de cooperação social. Uma forma de encarar a ideia da posição originária é, portanto, considerá-la um **recurso expositivo** *que resume o significado dessas condições e nos ajude a deduzir suas consequências.* (Rawls, 2005, p. 26, grifo nosso)

Dessa forma, os dois princípios fundamentais da justiça, segundo Rawls, podem ser estipulados do seguinte modo:

Primeiro Princípio: "Cada pessoa deve ter um direito igual ao mais abrangente sistema total de liberdades básicas iguais que seja compatível com um sistema semelhante de liberdades para todos". Segundo Princípio: "As desigualdades econômicas e sociais devem ser ordenadas de tal modo que, ao mesmo tempo: (a) tragam maior benefício possível para os menos favorecidos, obedecendo às restrições do princípio da poupança justa, e (b) sejam vinculadas a cargos e posições abertos a todos em condições de igualdade equitativa de oportunidades. (Rawls, 1997, p. 333)

Constituído o contrato social com as bases dos princípios fundamentais da justiça, temos que, no primeiro princípio, preza-se pela liberdade individual, ao passo que o segundo princípio busca uma precaução quanto ao tratamento dado às desigualdades que hão de surgir na determinação do contrato social.

Contudo, Rawls (1997) está ciente de que o exercício da liberdade requer parâmetros que não o impeçam de ser realizado. Ou seja, a liberdade precisa de leis que garantam o uso das liberdades individuais. Desse modo, segundo Ralws, "não só deve ser permitido aos indivíduos fazer ou não fazer uma coisa, mas o governo e as outras pessoas têm também o dever legal de não criar obstáculos" (Rawls, 2000, p. 81). Ainda, não podemos conceber a autodestruição de um contrato determinado segundo leis de liberdade. Em outras palavras, não é possível deixar que alguns indivíduos realizem suas práticas livremente caso sua conduta acarrete o impedimento do exercício da liberdade de outros.

As partes da convenção constituinte devem, então, escolher uma constituição que garanta uma liberdade igual de consciência que somente seja regulada por formas de argumentação de aceitação geral; essa liberdade igual só deve sofrer limitação quando tal argumentação demonstrar de forma razoavelmente certa que seu exercício interferirá nos fundamentos da ordem pública. A liberdade é regida pelas condições necessárias à própria liberdade. (Rawls, 2005, p. 264-265)

Se o primeiro princípio procura definir leis que garantam a liberdade de consciência, de pensamento e de expressão, o segundo princípio de justiça busca justificar a inevitável desigualdade social que há de surgir na determinação do contrato – mesmo que ele tenha como condição a igualdade de todos. De modo resumido, trata-se de reparar a distribuição dos bens econômicos e sociais originada pela determinação contratual.

As riquezas e os poderes devem ser ressarcidos aos desfavorecidos, a fim de se restaurarem o mais possível as condições ideais da posição originária, não mais com o intuito de elaborar um novo contrato social, mas com o propósito de remediar as escolhas decorridas da posição de origem.

Trata-se daquilo que Rawls (1997) denomina *posição de diferença*: as instituições devem promover leis de modo que a justiça possa ressarcir os desfavorecidos. Isso não implica tirar algo dos mais favorecidos, significa que, ao propor leis que favoreçam os indivíduos, estas devem trazer, sem nenhum prejuízo à sociedade como um todo, maiores benefícios aos mais necessitados.

Síntese

Neste capítulo, verificamos como Dewey, ao definir sua filosofia pragmática, instituiu a experiência como forma válida de obtenção e comprovação do conhecimento, considerando que é por meio da experiência que o homem busca dar significado às coisas e aos acontecimentos do mundo. A concepção de Dewey sobre a realidade do mundo – o qual é destituído do poder do pensamento reflexivo do homem – revela quão necessárias são a filosofia e a educação filosófica, visto que propiciam ao homem o conhecimento e a aplicabilidade prática (por meio da ética) dos saberes adquiridos. A reflexão que abarca a experiência de vida é, na verdade, a própria filosofia, usada como instrumento que possibilita ao ser humano dotar de sentido a realidade que o cerca.

Indicações culturais

Livro

WESTBROOK, R. B. **John Dewey**. Tradução e organização de José Eustáquio Romão e Verone Lane Rodrigues. Recife: Massangana, 2010. (Coleção Educadores).

Integrando a Coleção Educadores, produzida pelo Ministério da Educação (MEC), essa obra traz uma coletânea de textos de Dewey, além de comentadores de suas obras. Trata-se de uma importante fonte para nos aproximarmos deste que foi um dedicado estudioso da educação e formação filosófica, uma das mentes mais brilhantes do século XX.

Filmes

ESCRITORES da liberdade. Direção: Richard LaGravenese. EUA: Paramount Pictures, 2007. 123 min.

Como o conhecimento pode nos tornar pessoas melhores do ponto de vista ético? Eis o que o filme em questão busca propor como mote para desenvolver seu enredo.

UM SONHO de liberdade. Direção: Frank Darabont. EUA: Castle Rock Entertainment, 1994. 142 min.

Por quase todos os lugares que observamos, a justiça parece estar restrita ao espaço ou ao meio que circunda o indivíduo. Nesse sentido, parece-nos que a injustiça é uma constante em nossa vida. Esse filme busca retratar como, em meio às mazelas de uma vida injustiçada, pode brotar algo de verdadeiro e belo, tal como uma amizade sincera.

SEM limites. Direção: Neil Burger. EUA: Universal Studios, 2011. 105 min.

Considerando o conhecimento e desenvolvimento de tecnologia farmacológica, o filme retrata a possibilidade do uso de medicamentos que potencializem as faculdades da mente. A primeira questão que suscita é quanto à moralidade e à legalidade do uso desses medicamentos. Depois, quanto ao desenvolvimento humano, ou seja, será que somente com o uso de nossas próprias capacidades, disposições naturais, poderíamos alcançar um padrão de excelência de conhecimento teórico e prático?

Atividades de autoavaliação

1. Assinale a alternativa que melhor define o que a educação filosófica, segundo Dewey, permite ao ser humano:

   a) A educação filosófica deve permitir ao homem aprender a arte de convencer os demais sobre qualquer ponto de vista.

   b) A educação filosófica é única e exclusivamente uma formação para a vida política. O empregado simplório é dispensado dela.

   c) A educação filosófica consiste no fato de permitir aos homens desenvolver uma habilidade cada vez maior para pensar reflexivamente.

   d) A educação filosófica delimita cientificamente tudo aquilo que existe e o que não existe. Esse tipo de formação serve para acabar com a falta de senso de todas as religiões do mundo.

2. Assinale as alternativas que melhor definem a meta da educação filosófica:

   a) A educação filosófica tem por meta construir um discurso unilateral, isto é, elaborar a hegemonia do pensamento filosófico sobre os demais saberes (ciência, arte e saber religioso).

   b) A educação filosófica tem por meta formar o homem para que seja capaz de elaborar argumentos sem que nenhum outro sujeito, no uso da razão, possa se contrapor.

   c) A educação filosófica tem por meta nos ensinar a postura reflexiva diante dos valores humanos mais importantes, buscando superar os obstáculos impostos pela vida.

   d) A educação filosófica tem por meta engendrar o processo reflexivo no homem, tendo em vista que é a reflexão que nos permite alcançar soluções técnicas (via ciência) e propor soluções éticas (via filosofia).

3. Assinale a alternativa que melhor define o principal objeto de estudo de Rawls:

   a) O objeto de estudo de Rawls é o conhecimento como possibilidade, fundamento e garantia de certeza do que se sabe.

   b) O objeto de estudo de Rawls é o sujeito pensante, aquele que conhece.

   c) A justiça analisada via filosofia moral e política é o objeto de estudo da filosofia de John Rawls.

   d) O ser enquanto ser é o objeto de estudo de Rawls.

4. Qual é a principal característica do que Rawls denomina *véu de ignorância*?

   a) O fato de homens ignorantes, ou seja, brutos e sem costumes, decidirem o futuro de toda uma sociedade.

   b) O fato de homens ignorantes não conhecerem as posições que vão ocupar em uma sociedade que será ainda constituída.

   c) O fato de homens ignorantes nunca decidirem nada, pedindo auxílio aos letrados e conhecedores de todo o tecido social.

   d) O fato de homens ignorantes serem deixados de lado sempre que a sociedade quer decidir algo.

5. Analise as afirmações sobre os princípios fundamentais da justiça segundo Rawls e, em seguida, assinale a alternativa correta:

   I. Ambos os princípios dependem daquilo que Rawls chamou de *posição originária*.

   II. O primeiro princípio é de ordem individual, enquanto o segundo é de ordem coletiva.

III. O segundo princípio procura sanar quaisquer desigualdades que possam surgir dentro da sociedade instituída.

IV. O quinto princípio fundamental da justiça retoma o primeiro de forma mais detalhada.

a) Somente as afirmações I e IV estão corretas

b) Somente as afirmações II e IV estão corretas.

c) Somente a afirmação II está correta

d) As afirmações I, II e III estão corretas.

Atividades de aprendizagem

1. Qual concepção inovadora Dewey traz ao conceito de *experiência*?

2. Qual é o papel do pensamento reflexivo no instrumentalismo?

3. Para Dewey, qual é o papel da filosofia na educação humana?

4. Como Rawls caracteriza a posição originária?

5. Em sua opinião, é possível a adoção, por uma sociedade, do modelo de justiça conceitualizado por John Rawls? Explique sua resposta (10 linhas).

considerações finais

O principal objeto (a verdade) que nos fora ofertado pela tradição filosófica desde os gregos se tornou passível de crítica em seus mais diversos domínios: moral, epistemológico, ontológico, estético, político etc. Com isso, os filósofos contemporâneos se propuseram a retomar os mais variados temas filosóficos, no intuito de criticá-los e propor novos rumos para as ideias filosóficas. Em um primeiro momento, essa retomada poderia soar como mera correção dos erros dos filósofos antecessores, porém, como vimos, a filosofia contemporânea vai além disso.

Ao contrário de apenas "corrigir" os temas do passado, os filósofos pós-modernos questionam a realidade tendo como base uma temática perene em filosofia: saber o que é o homem e como a vida humana pode encontrar seu escopo na realidade do mundo – o qual, diga-se de passagem, não é mais o mundo da Antiguidade nem o medieval ou o moderno. Com efeito, este novo momento da filosofia interpõe aos pensadores contemporâneos a reflexão sobre a possibilidade, ou mesmo a necessidade, de se repensarem as essências que regulam a vida do homem na contemporaneidade. Para tanto, certamente há de se reconhecer o mérito dos filósofos antepassados, pois suas ideias servem de base para a reflexão atual.

De Schopenhauer a Rawls, pudemos perceber uma necessidade em dizer o que é o mundo e como devemos nos portar diante dele. Essa é temática central da filosofia contemporânea. Todavia, essa problemática se transfigura ao ultrapassar o campo unicamente filosófico, tendo implicação em diversos âmbitos, nos aspectos linguístico, moral, político, educacional etc.

Com efeito, notamos que a reflexão crítica do pensamento que administra a realidade como experiência de vida é o pano de fundo da filosofia contemporânea. A própria formação filosófica é um meio que nos permite impor um sentido à realidade que vivenciamos em todos os âmbitos de nossa vida. A postura de nos colocarmos filosoficamente diante do mundo somente é possível ao assumirmos o caráter inquiridor que nos é facultado em cada instante de nosso existir.

referências

ABBAGNANO, N. **Dicionário de filosofia**. Tradução de Alfredo Bosi. São Paulo: M. Fontes, 2007.

ADORNO, T. W. **Dialética negativa**. Tradução de Marcos Antonio Casanova. Rio de Janeiro: J. Zahar, 2009.

ADORNO, T. W. **Educação após Auschwitz**. Disponível em: <http://adorno.planetaclix.pt/tadorno10.htm>. Acesso em: 9 set. 2015.

ADORNO, T. W. **Indústria cultural e sociedade**. Tradução de Juba Elisabeth Levy. São Paulo: Paz e Terra, 2002.

ADORNO, T. W.; HORKHEIMER, M. **Dialética do esclarecimento**: fragmentos filosóficos. Tradução de Guido Antonio de Almeida. Rio de Janeiro: Zahar, 1985.

AUSTIN, J. L. Performativo-constativo. In: OTTONI, P. **Visão performativa da linguagem**. Campinas: Ed. da Unicamp, 1998. p. 109-144.

AUSTIN, J. L. **Quando dizer é fazer**: palavras e ação. Tradução de Danilo de Souza Marcondes Filho. Porto Alegre: Artes Médicas, 1990.

BASTOS, C. L.; CANDIOTTO, K. B. B. **Filosofia da linguagem**. Petrópolis: Vozes, 2007.

BENVENISTE, É. **Problemas de linguística geral I**. 5. ed. Campinas: Pontes Editores, 2005.

CARNAP, R. **Pseudoproblemas na filosofia**. São Paulo: Abril Cultural, 1973a.

CARNAP, R. **Testabilidade e significado**. São Paulo: Abril Cultural, 1973b.

DARTIGUES, A. **O que é a fenomenologia?** 7. ed. Tradução de Maria José J. G. Almeida. São Paulo: Centauro, 1973.

DEELEY, J. **Semiótica básica**. Tradução de Júlio C. M. Pinto. São Paulo: Ática, 1990.

DEWEY, J. **A arte como experiência**. São Paulo: Abril Cultural, 1980a.

DEWEY, J. **A filosofia em reconstrução**. São Paulo: Companhia Editora Nacional, 1958.

DEWEY, J. **Como pensamos**. São Paulo: Companhia Editora Nacional, 1959a.

DEWEY, J. **Democracia e educação**. São Paulo: Companhia Editora Nacional, 1959b.

DEWEY, J. Experience and Objective Idealism. In: DEWEY, J. **The Influence of Darwin on Philosophy and Other Essays**. New York: Prometheus Books, p. 198-225, 1997a.

DEWEY, J. **Experiência e natureza**. São Paulo: Abril Cultural, 1980b.

DEWEY, J. **Lógica**: a teoria da investigação. São Paulo: Abril Cultural, 1980c.

DEWEY, J. The Influence of Darwinism on Philosophy. In: DEWEY, J. **The Influence of Darwin on Philosophy and Other Essays**. New York: Prometheus Books, p. 1-19, 1997b.

ECO, U. **Tratado geral de semiótica**. Tradução de Antonio de Pádua Danesi. São Paulo: Perspectiva, 1980.

FERREIRA, A. B. H. **Dicionário Aurélio da língua portuguesa**. Curitiba: Positivo, 2010.

FORST, R. **Contextos da justiça**. São Paulo: Bomtempo Editorial, 2010.

FOUCAULT, M. **A arqueologia do saber**. Tradução de Luiz Felipe Baeta Neves. 7. ed. Rio de Janeiro: Forense Universitária, 2008a.

FOUCAULT, M. **As palavras e as coisas**. Tradução de Salma Tannus Muchail. São Paulo: M. Fontes, 1987.

FOUCAULT, M. **História da loucura na Idade Clássica**. Tradução de José Teixeira Coelho Netto. São Paulo: Perspectiva, 1978.

FOUCAULT, M. **Microfísica do poder**. Tradução de Roberto Machado. Rio de Janeiro: Graal, 1979.

FOUCAULT, M. **Microfísica do poder**. 27. ed. Rio de Janeiro: Graal, 2009.

FOUCAULT, M. **Vigiar e punir**: nascimento da prisão. Tradução de Raquel Ramalhete. 35. ed. Petrópolis: Vozes, 2008b.

GADAMER, H. G. **Hermenêutica em retrospectiva**. Tradução de Marco Antônio Casanova. Petrópolis: Vozes, 2009.

GADAMER, H. G. **Verdade e método**. Tradução de Flávio Paulo Meurer. Petrópolis: Vozes, 2002.

GARGARELLA, R. **As teorias da justiça depois de Rawls**: um breve manual de filosofia política. São Paulo: M. Fontes, 2008.

GIACÓIA JUNIOR, O. **Nietzsche**. São Paulo: Publifolha, 2000.

HEGEL, G. W. F. **Fenomenologia do espírito**. Tradução de Paulo Meneses. Petrópolis: Vozes, 1992.

HEIDEGGER, M. **A origem da obra de arte**. Lisboa: Edições 70, 1991.

HEIDEGGER, M. Carta sobre o humanismo. In: HEIDEGGER, M. **Marcas do caminho**. Tradução de Enio Paulo Giachini e Ernildo Stein. Petrópolis: Vozes, 2008a.

HEIDEGGER, M. Introdução a "O que é metafísica?" In: HEIDEGGER, M. **Marcas do caminho**. Tradução de Enio Paulo Giachini e Ernildo Stein. Petrópolis: Vozes, p. 326-376, 2008b.

HEIDEGGER, M. **Ser e tempo**. Parte I. Tradução de Márcia de Sá Cavalcante. Petrópolis: Vozes, 1988.

HEIDEGGER, M. **Ser e tempo**. Parte II. Tradução de Márcia de Sá Cavalcante. Petrópolis: Vozes, 1997.

HORKHEIMER, M. **Eclipse da razão**. Tradução de Sebastião Uchoa Leite. São Paulo: Centauro, 2010.

HUSSERL, E. **A ideia da fenomenologia**. Tradução de Artur Morão. Lisboa: Edições 70, 1990.

HUSSERL, E. **Meditações cartesianas**: introdução à fenomenologia. Tradução de Frank de Oliveira. São Paulo: Masdras, 2001.

INWOOD, M. **Heidegger**. São Paulo: Loyola, 2004.

JAMES, W. **The Meaning of Truth**: a Sequel to Pragmatism. Cambridge, Mass./London: Harvard University Press, 1975.

KANT, I. **Crítica da razão pura**. 5. ed. Tradução de Manuela Pinto dos Santos. Lisboa: Fundação Calouste Gulbenkian, 2001.

KIERKEGAARD, S. **O conceito de angústia**. Tradução de Álvaro Luiz Montenegro Valls. Petrópolis: Vozes, 2010.

LÉVI-STRAUSS, C. **As estruturas elementares do parentesco**. Tradução de Mariano Ferreira. Petrópolis: Vozes, 1982.

LÉVI-STRAUSS, C. **Antropologie structurale**. Paris: Plon, 1958.

LIMA, W. M. **Liberdade e dialética em Jean-Paul Sartre**. Maceió: Edufal, 1998.

LUKÁCS, G. **História e consciência de classe**: estudos sobre a dialética marxista. Tradução de Rodnei Nascimento. São Paulo: M. Fontes, 2003.

MACHADO, R. Por uma genealogia do poder. In: FOUCAULT, M. **Microfísica do poder**. Tradução de Roberto Machado. 27. ed. Rio de Janeiro: Graal, 2009. p. VII-XXIII.

MARCUSE, H. **Eros e civilização**. Tradução de Álvaro Cabral. Rio de Janeiro: Zahar, 1975.

MARTON, S. **Nietzsche**: das forças cósmicas aos valores humanos. São Paulo: Brasiliense, 1990.

MARTON, S. **Nietzsche**: uma filosofia a marteladas. São Paulo: Brasiliense, 1999.

MARX, K. **A origem do capital**: acumulação primitiva. 2. ed. Tradução de Klaus Von Puchen. São Paulo: Centauro, 2004.

MARX, K. **Grundrisse**: manuscritos econômicos de 1857-1858: esboços da crítica da economia política. Tradução de Mario Duayer e Nélio Schneider. São Paulo: Boitempo, 2011.

MARX, K. **Manuscritos econômico-filosóficos**. 2. ed. Tradução de Jesus Ranieri. São Paulo: Boitempo, 2008a.

MARX, K. **O capital**. 14. ed. São Paulo: Bertrand, 1994.

MARX, K. **O capital**: crítica da economia política, livro terceiro – o processo global de produção capitalista. 26. ed. Tradução de Reginaldo Sant'Anna. Rio de Janeiro: Civilização Brasileira, 2008b.

MARX, K. **O capital**: edição condensada. 2. ed. Bauru: Edipro, 2003.

MARX, K. **O capital**: crítica da econômica política. 27. ed. Tradução de Reginaldo Sant'Anna. Rio de Janeiro: Civilização Brasileira, 2010.

MARX, K. **Teses sobre Feuerbach**. In: MARX, K.; ENGELS, F. **Obras escolhidas**. Lisboa: Editorial Avante, 1997. Tomo I. Disponível em: <https://www.marxists.org/portugues/marx/1845/tesfeuer.htm>. Acesso em: 25 jun. 2015.

MARX, K.; ENGELS, F. **A ideologia alemã**. Tradução de Silvio D. Chagas. São Paulo: Centauro, 2002.

MARX, K.; ENGELS, F. **Manifesto do Partido Comunista**. In: MARX, K.; ENGELS, F. **Obras escolhidas**. Lisboa: Editorial Avante, 1997. Tomo I. Disponível em: <https://www.marxists.org/portugues/marx/1848/ManifestoDoPartidoComunista/index.htm>. Acesso em: 25 jun. 2015.

MERLEAU-PONTY, M. **As aventuras da dialética**. São Paulo: M. Fontes, 2006.

MERLEAU-PONTY, M. **Fenomenologia da percepção**. 2. ed. Tradução de Carlos Alberto Ribeiro de Moura. São Paulo: M. Fontes, 1999.

MOORE, G. E. **Principia ethica**. Disponível em: <http://fair-use.org/g-e-moore/principia-ethica/>. Acesso em: 9 set. 2015.

MOUTINHO, L. D. S. **Sartre**: psicologia e fenomenologia. São Paulo: Brasiliense, 1995.

NIETZSCHE, F. **A gaia ciência**. Tradução de Paulo César de Souza. São Paulo: Companhia das Letras, 2001.

NIETZSCHE, F. **Além do bem e do mal**: prelúdio a uma filosofia do futuro. Tradução de Paulo César de Souza. São Paulo: Companhia das Letras, 2005a.

NIETZSCHE, F. **Assim falava Zaratustra**. Tradução de Mario Ferreira Santos. Petrópolis: Vozes, 2010a.

NIETZSCHE, F. **Aurora**. Tradução de Paulo Cesar de Souza. São Paulo: Companhia das Letras, 2004.

NIETZSCHE, F. **A visão dionisíaca do mundo e outros textos de juventude**. Tradução de Marcos Sinésio Pereira e Maria Cristina dos Santos Souza. São Paulo: M. Fontes, 2005b.

NIETZSCHE, F. **Cinco prefácios para cinco livros não escritos**. Tradução de Pedro Süssekind. Rio de Janeiro: 7 Letras, 2007a.

NIETZSCHE, F. **Ecce homo**: como alguém se torna o que é. Tradução de Heloisa da Graça Burati. São Paulo: Rideel, 2005c.

NIETZSCHE, F. **Fragmentos póstumos e aforismos**. Tradução de Noéli Correia de Melo Sobrinho. Rio de Janeiro: Ed. da PUC-Rio, 2010b.

NIETZSCHE, F. **Genealogia da moral**. Tradução de Mario Ferreira dos Santos. Petrópolis: Vozes, 2009.

NIETZSCHE, F. **Humano demasiado humano I**: um livro para espíritos livres. Tradução de Paulo Cesar de Souza. São Paulo: Companhia das Letras, 2005d.

NIETZSCHE, F. **Obras incompletas**. Tradução de Rubens Rodrigues Torres Filho. São Paulo: Nova Cultural, 1996.

NIETZSCHE, F. **O nascimento da tragédia**: ou helenismo e pessimismo. São Paulo: Companhia das Letras, 2007b.

NIETZSCHE, F. **Posthumous fragments**. Disponível em: <http://www.nietzschesource.org/>. Acesso em: 9 set. 2015.

NIETZSCHE, F. **Segunda consideração intempestiva**: da utilidade e desvantagem da história para a vida. Tradução de Marco Antônio Casanova. Rio de Janeiro: Relume Dumará, 2003.

NIETZSCHE, F. **Sobre o futuro dos nossos estabelecimentos de ensino**. Tradução de Noéli Correia de Melo Sobrinho. Rio de Janeiro: Ed. da PUC-Rio, 2010c.

NIETZSCHE, F. **Terceira consideração intempestiva III**: Schopenhauer educador. Tradução de Noéli Correia de Melo Sobrinho. Rio de Janeiro: Ed. da PUC-Rio; São Paulo: Loyola, 2010d.

NIETZSCHE, F. Verdade e mentira no sentido extramoral. Tradução de Antônio Edmilson Pascoal In: MARÇAL, J. (Org.). **Antologia de textos filosóficos**. Curitiba: Seed-PR, 2009. p. 530-541.

OLIVEIRA, J. **A solidão como virtude moral em Nietzsche**. Curitiba: Champagnat, 2010.

OLIVEIRA, M. A. de. **Reviravolta linguístico-pragmática na filosofia contemporânea**. São Paulo: Loyola, 1996.

PEIRCE, C. S. **Semiótica**. São Paulo: Perspectiva, 2005.

PEIRCE, C. S. **The Collected Papers of Charles Sanders Peirce**. Cambridge, MA: Harvard University Press, 1931.

PIGNATARI, D. **Informação, linguagem, comunicação**. São Paulo: Cultrix, 1971.

PÖGGELER, O. **A via do pensamento de Martin Heidegger**. Lisboa: Instituto Piaget, 2001.

RAWLS, J. **História da filosofia moral**. Tradução de Ana Aguiar Cotrim. São Paulo: M. Fontes, 2005.

RAWLS, J. **Justiça e democracia**. Tradução de Irene A. Paternot. São Paulo: M. Fontes, 2000.

RAWLS, J. **Uma teoria da justiça**. Tradução de Almiro Pisetta e Lenita M. R. Esteves. São Paulo: M. Fontes, 1997.

RUSSELL, B. **A análise da mente**. Tradução de Antônio Cirurgião. Rio de Janeiro: Zahar, 1976.

RUSSELL, B. **Dúvidas filosóficas**. Disponível em: <http://livros01. livros gratis.com.br/cv000023.pdf>. Acesso em: 4 jul. 2015.

RUSSELL, B. **Logic and Knowledge**: Essays, 1901-1950. New York: Capricorn Books; Pennsylvania State University Press, 1971.

RUSSELL, B. **Meu pensamento filosófico**. Tradução de Brenno Silveira. São Paulo: Companhia Editora Nacional, 1960.

RUSSELL, B. On denoting. **Oxford Journals Mind**, v. 14, n. 56, p. 479-493, Oct. 1905. Disponível em: <https://revuelta redaccion.files.wordpress.com/2012/08/russell_on_denoting. pdf>. Acesso em: 9 set. 2015.

RUSSELL, B. **Os problemas da filosofia**. Tradução de Jaimir Conte. Florianópolis: Ed. da UFSC, 2005.

RUSSELL, B. **The Philosophy of Logical Atomism**. London: Routledge Classics, 2010.

RYLE, G. **O conceito de espírito**. Tradução de M. Luísa Nunes. Lisboa: Moraes, 1970.

SANDEL, M. J. **Liberalism and the Limits of Justice**. Cambridge: Cambridge University Press, 1982.

SANTAELLA, L. **A assinatura das coisas**: Peirce e a literatura. Rio de Janeiro: Imago, 1992.

SANTAELLA, L. **A teoria geral dos signos**: semiose e autogeração. São Paulo: Ática, 1995.

SARTRE, J. P. **O existencialismo é um humanismo**. 3. ed. Tradução de Rita Correia Guedes. São Paulo: Nova Cultural, 1987.

SARTRE, J. P. **O ser e o nada**: ensaio de ontologia fenomenológica. 15. ed. Tradução de Paulo Perdigão. Petrópolis: Vozes, 2007.

SAUSSURE, F. de. **Curso de linguística geral**. 24. ed. São Paulo: Pensamento-Cultrix, 2002.

SCHELER, M. **A situação do homem no cosmos**. Tradução de Arthur Mourão. Lisboa: Edições 70, 2008a.

SCHELER, M. Diferença essencial entre homem e animal. In: SCHELER, M. **A situação do homem no cosmos**. Tradução de Arthur Mourão. Lisboa: Edições 70, p. 47-60, 2008b.

SCHELER, M. **Da essência da filosofia**. Tradução de Arthur Mourão. Covilhã: Lusofia, 2002.

SCHELER, M. **Da reviravolta dos valores**: ensaios e artigos. Petrópolis: Vozes, 1994.

SCHLICK, M. **Positivismo e realismo**. São Paulo: Abril Cultural, 1973.

SCHLICK, M. **Sentido e verificação**. Disponível em: <http://www.cead.ufpi.br/upload/filosofia/documentos/Schlick%20-%20Sentido%20e%20Verificacao.pdf>. Acesso em: 9 set. 2015.

SCHOPENHAUER, A. **Dores do mundo**. Tradução de José Souza de Oliveira. São Paulo: Edições e Publicações Brasil, 1960.

SCHOPENHAUER, A. **O mundo como vontade e como representação**. Tradução de Jair Barbosa. São Paulo: Ed. da Unesp, 2005.

SCHOPENHAUER, A. **Parerga e paralipomena**. São Paulo: Nova Cultural, 1997. p. 237-300. (Coleção Os Pensadores).

SCHOPENHAUER, A. **Sobre a filosofia universitária**. Tradução de Maria Lúcia Mello Oliveira e Marcio Suzuki. São Paulo: M. Fontes, 2001.

SILVA, F. L. **Ética e literatura em Sartre**: ensaios introdutórios. São Paulo: Ed. da Unesp, 2004.

STEIN, E. **Exercícios de fenomenologia**: limites de um paradigma. Ijuí: Ed. da Unijuí, 2004.

STEIN, E. **Racionalidade e existência**: o ambiente hermenêutico e as ciências humanas. 2. ed. Ijuí: Ed. da Unijuí, 2008.

STRAWSON, P. F. **Freedom and Resentment**. Disponível em: <http://people.brandeis.edu/~teuber/P._F._Strawson_Freedom_&_Resentment.pdf>. Acesso em: 4 jul. 2015.

STRAWSON, P. F. **Individuals**. London: Methuen, 1959.

STRAWSON, P. F. **Introduction to Logical Theory**. London: Methuen, 1952.

VAIHINGER, H. **A filosofia do como se**. Tradução de Johannes Kretschmer. Chapecó: Argos, 2011.

WISDOM, J. **Problems of Mind and Matter**. Cambridge: Cambridge University Press, 1934.

WITTGENSTEIN, L. **Tractatus Logico-Philosophicus**. Tradução de José Arthur Giannotti. São Paulo: Companhia Editora Nacional, 1968.

WITTGENSTEIN, L. **Investigações filosóficas**. Tradução de José Carlos Bruni. São Paulo: Nova Cultural, 1999.

Bibliografia comentada

ABBAGNANO, N. **Dicionário de filosofia**. Trad. Alfredo Bosi. São Paulo: Martins Fontes, 2007.

A investigação filosófica, bem como os demais tipos de conhecimento, não dispensa o domínio dos conceitos em um âmbito geral da tradição. Todavia, os termos e verbetes desta obra, além de procurarem a definição ampla, trazem também o modo como os principais filósofos utilizam cada termo. Isso faz do dicionário de Abbagnano uma importante ferramenta nos estudos de filosofia.

ADORNO, T. **Indústria cultural e sociedade**. Trad. Juba Elisabeth Levy. São Paulo: Paz e Terra, 2002.

Nessa obra, Adorno analisa o fenômeno da cultura de massa. A análise aborda por diferentes perspectivas o modo pelo qual a cultura, segundo Adorno, termina por se deteriorar em cada instante que a arte procura apenas lucrar ou produzir um público cativo que dispensa qualquer critério para o consumo. Quando a cultura se torna mercadoria ela deixa de promover o que é mais lúdico e aquilo que abastece a sensibilidade humana justamente no tocante a criatividade, pois numa cultura massificada a repetição do mesmo é o que mais se verifica e se consome.

BASTOS, C. L.; CANDIOTTO, K. B. B. **Filosofia da linguagem**. Petrópolis: Vozes, 2007.

Ambos professores da Pontifícia Universidade Católica do Paraná (PUCPR), os autores traçam um percurso histórico analisando a linguagem em seu aspecto filosófico, em duas frentes, a saber: no âmbito cultural e no âmbito linguístico. Primando por um processo genealógico-linguístico, os autores demonstram como a linguística se torna ciência, dessa maneira possibilita não apenas um maior aparato semântico no aspecto das relações, mas principalmente serve de impulso ao domínio do campo do conhecimento em suas mais diferentes áreas.

FOUCAULT, M. **Microfísica do poder**. Trad. Roberto Machado. 27. ed. Rio de Janeiro: Graal, 2009.

A partir de uma coletânea de escritos e palestras, Foucault organiza esta obra de modo a expor que as estruturas de poder são plásticas.

A principal marca do poder não cumpre uma forma específica ou corpo constituído, mas sim, trata-se de um fruir constante em diversas esferas (familiar, social, política, econômica, etc.) e entre incontáveis indivíduos. Com esta obra, o autor objetiva demonstrar que o poder não é posse, mas sim exercício. Trata-se de um livro imprescindível na investigação da sociedade contemporânea, principalmente no tocante a análise das instituições e na formação do sujeito pós-moderno.

HUSSERL, E. **A ideia da fenomenologia**. Tradução: Artur Morão. Lisboa: Edições 70, 1990.

Nesta obra, o autor expõe a acepção correta do método fenomenológico tal qual ele concebeu para suas pesquisas. Obra de referência para toda a corrente fenomenológica que se instaurou em filosofia a partir de Husserl, na qual destaca-se que a análise conjuntural dos elementos envolvidos em uma investigação filosófica não deve partir da fragmentação dos fenômenos observados – tal como propunha Descartes com seu método –; pelo contrário, ao analisar os fatos, o investigador sério não abre mão de todas as interferências (passadas, atuais e possíveis) que advêm sobre o fenômeno em questão. Disso decorre que o verdadeiro conhecimento sobre os fenômenos ou os fatos parte da gama de interações que permitem que ele se apresente a nós tal como ele se verifica.

MERLEAU-PONTY, M. **Fenomenologia da percepção**. Trad. Carlos Alberto Ribeiro de Moura. 2. ed. São Paulo: Martins Fontes, 1999.

Com essa obra, Merleau-Ponty explicita, dando continuidade à saga dos filósofos que se detêm na fenomenologia e seu método investigativo, que o saber é constituído das interações entre os fenômenos, e estes, por sua vez, decorrem da percepção física que alcançamos com nosso corpo. Para o filósofo, o homem é corporeidade e nisso consiste sua habilidade em conhecer e agir no mundo. Trata-se de uma leitura ímpar para entender a crítica ao dualismo metafísico que surge nos antigos, principalmente em Platão, porém também é de grande valia para analisar criticamente o alcance do conhecimento e da moral do homem na contemporaneidade.

NIETZSCHE, F. **Assim falava Zaratustra**. Trad. Mario Ferreira Santos. Petrópolis: Vozes, 2010. (ZA)

Nesta principal obra da dita fase madura de Nietzsche, Zaratustra assume (enquanto personagem) a voz do próprio autor e de sua proposta filosófica. Não se trata apenas da crítica à modernidade e ao ideal moral constituído do esclarecimento [*Aufklärung*], mas sim das próprias bases e lições de como promover a formação do *para-além-do-homem* – conceito este tão caro a Nietzsche por se tratar da antítese do que o autor julgava ser o homem decadente (homem moderno) – indivíduo singular que elevaria a humanidade a sua plenitude a realizar, através da instituição da vida como único valor ético digno de ser defendido. Em se tratando de filosofia contemporânea, a familiaridade com obra nietzschiana é imprescindível para a investigação filosófica séria e bem elaborada.

RAWLS, J. **Uma teoria da justiça**. Trad. Almiro Pisetta e Lenita M. R. Esteves. São Paulo: Martins Fontes, 1997.

O pensamento deste filósofo norte-americano nesta obra instituiu um resgate do neokantismo. Polemizando a absorção e utilização da noção de imperativo kantiano, Rawls, com sua análise focada principalmente no ideal de justiça, institui um ponto nevrálgico na teoria do direito atual, bem como nos possibilita repensar a moralidade em seus conceitos mais elementares. Esta obra contém um decisivo ponto de partida para todos aqueles que pretendem se situar no debate contemporâneo sobre ética e formação política. Eis porque devemos tê-la como leitura primordial em nossas investigações.

SCHOPENHAUER, A. **O mundo como vontade e como representação**. Trad. Jair Barbosa. São Paulo: Editora Unesp, 2005.
Foi o próprio Schopenhauer quem destacou esta como sendo sua principal obra. Se isso não bastasse, Nietzsche credita toda sua filosofia, nos primeiros anos de sua juventude, à leitura de *O Mundo como vontade e como representação*. Servindo de base para diversas áreas do conhecimento (estética, gnosiologia, ética, lógica etc.), esta obra traz em seu bojo o reconhecimento e a crítica a filosofia kantiana. Seu principal argumento é que a totalidade que nosso conhecimento é capaz de compreender, ou seja, a intuição dos fenômenos é fruto da operação de nossa própria faculdade de representar (o entendimento), porém, o substrato desse mundo encontra-se na Vontade, que é insaciável e irracional, usando assim do entendimento e do agir humano, a fim de que ela (Vontade) possa se perpetuar no tempo e no espaço. Este livro foi a obra de cabeceira de Nietzsche e por algum tempo deve o ser também de todo investigar autêntico da filosofia pós-moderna.

WITTGENSTEIN, L. **Tractatus Logico-Philosophicus**. Trad. José Arthur Giannotti. São Paulo: Companhia Editora Nacional, 1968.
Com sua máxima sentença, "daquilo que não se pode falar, deve-se calar", esta obra de Wittgenstein salta para dentro da tradição filosófica como um dos mais célebres estudos sobre a linguagem. Ainda em defesa do atomismo lógico, o critério de verificabilidade e a influência sobre os neopositivistas é a principal marca deste escrito. Posteriormente, o autor revisará algumas das teses do *Tractatus*, todavia, conhecer o impacto e alcance que elas tiveram em toda comunidade científica é imperativo a todo estudioso da filosofia.

respostas

Capítulo 1

Atividades de autoavaliação

1. a
2. b, c
3. b

4. a, d

5. b, c

Atividades de aprendizagem

1.

R_a = Sujeito e objeto em Schopenhauer são condições de possibilidade da representação, o que significa que somente por meio desses elementos a representação é possível.

R_b = Na representação, o sujeito é o elemento que, projetivamente, reúne em sua mente as características essenciais da representação do objeto, o qual, por sua vez, é o fenômeno ou aquilo que aparece ao sujeito que o representa projetivamente.

2.

R_a = A razão suficiente é a causalidade. Percebemos a lei de causalidade como relação por meio de quatro princípios: o devir, o conhecer, o ser e o agir.

R_b = Significa uma categoria que engloba outras duas (tempo e espaço). Essa relação se desdobra ou se especifica quanto às causalidades no devir, no conhecer, no ser e no agir.

3.

R_a = Nossa vontade de viver é o principal modo pelo qual podemos intuir a vontade cósmica. A vontade em nós é uma ínfima parte da vontade criadora de tudo o que existe.

R_b = Quando sentimos desejo ou queremos algo, podemos intuir que, de modo universal, as coisas existentes demandam da vontade e a vontade elementar é a condição das coisas que existem.

4.

R_a = A arte, segundo Schopenhauer, por não ter outro fim senão a pura contemplação estética movida pelo desinteresse, é a única forma de anular momentaneamente a vontade. Isso porque, na contemplação estética, nos despossuímos em favor do objeto.

R_b= A anulação da vontade pela arte ou pela ascese é a procura pela contemplação. A anulação se manifesta quando, diante da obra de arte, sobretudo da música, não objetivamos nada para além do momento presente. Anulamos a nós mesmos diante da obra de arte, esquecendo-nos inclusive da vontade que há em nós.

5. O pessimismo de Nietzsche manifesta-se contra uma forma inautêntica de vida humana, uma espécie, para ele, de não vida. Na verdade, o único valor presente em todas as fases do pensamento de Nietzsche é justamente a vida. Para que o homem possa realizar-se plenamente, conforme Nietzsche, o impulso a ser cultivado e aprimorado é o dionisíaco. A sabedoria das palavras de Sileno a Midas demonstra que a vida quer ser vivida em sua intensidade máxima. Contudo, Nietzsche também entende que o dionisíaco deixado a si mesmo não condiciona uma vida digna do homem, pois a ebriedade constante provoca a realização máxima dos anseios até a exaustão do indivíduo. Ao dionisíaco, portanto, deve-se contrapor o apolíneo, exatamente como fizeram os gregos do período trágico.

6. Para Nietzsche, a filosofia de Sócrates e de Platão seriam responsáveis pelo desaparecimento (morte) do dionisíaco em favor da racionalidade. Como a vida autêntica depende do embate entre as forças apolíneas e dionisíacas, aqueles filósofos teriam destituído o sentido da vida para os gregos. Daí o motivo de Nietzsche tomá-los por "não gregos" ou contra tudo aquilo que os gregos teriam feito em favor da vida justificada.

7.

R_a= Por parte dos fanáticos, a proposição nietzschiana pode soar ofensiva e, nesse sentido, uma resposta à altura seria necessária. Seriam colocadas questões como: "Deus é imortal, como ele então poderia morrer?" e "Como ter certeza que Deus está morto?". Essas indagações provam que o sentido dado à afirmação seria o literal. As pessoas, em seus fanatismos, buscam mostrar que não estão erradas naquilo que acreditam. Às vezes, o preço para provar sua certeza é a eliminação da certeza dos outros.

R_b = É possível que algumas pessoas entendam que Nietzsche esteja falando do próprio Jesus Cristo, que morreu na cruz. Talvez o "nós o matamos" poderia ser pensado em relação à sociedade de homens pecadores que não permite que Jesus ressuscite, como acreditam os cristãos. Mais uma vez, o sentido da afirmação de Nietzsche seria distorcido, uma vez que o significado do significante usado por Nietzsche não é direto. De modo simples, Nietzsche não está a falar de Jesus. O termo *Deus* é usado para tratar dos valores sociais que permitem aos indivíduos ter um ideal de conduta com o qual se apoiam para construir a vida.

8.

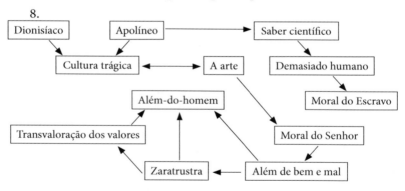

9. A principal crítica é que os filósofos que o antecederam procuravam tratar dos problemas humanos apenas de forma teórica, sem jamais engendrar mudanças concretas que permitissem a toda a sociedade viver de forma mais igualitária. Na verdade, a crítica é contra o modelo burguês capitalista de vida, que, para se manter, sobrepuja a classe operária trabalhadora.

10. A teoria da alienação fundamenta o materialismo histórico. Segundo Marx, o modo de pensar de determinado período histórico se configura a partir das ideias dominantes, que, por sua vez, são definidas por aqueles que dominam os modos de produção desse período. A estrutura econômica (material) termina por ditar a consciência da superestrutura social (ideológica). Isso se mostra em *A ideologia alemã*. A vida (*in concreto*), o material no qual se fixa a produção, é a base do pensamento e da conduta dos homens de um período histórico. Quando há transformação ou desenvolvimento dos meios de produção, estes acabam por funcionar como condições para a mudança e o estabelecimento de novas ideias de dominação.

11. Contradizer a realidade da situação em que se encontra a classe burguesa, que oprime a classe operária, para Marx, significa dizer que o homem sai do plano meramente das ideais (ideal ou teórico) e passa a agir no plano real (prático). Essa contradição lança as bases para a transformação social, o que possibilita, segundo Marx, o desenvolvimento histórico humano. *O capital* seria a demonstração do materialismo dialético. De fato, o materialismo dialético se configura pela constatação da luta de classe que tenta sobrepor-se no ditame das leis sociais. O materialismo dialético surge por meio das teses estabelecidas pelas forças da classe dominante, as quais sofrem resistência das antíteses da classe dominada, fazendo com que desse jogo de forças surja a síntese, estabelecendo um novo plano de relações sociais, que, novamente, sofrem o mesmo jogo de forças.

Capítulo 2

Atividades de autoavaliação

1. b
2. a, c
3. d
4. b
5. c

Atividades de aprendizagem

1. No intuito de encontrar evidências necessárias, a suspensão do juízo, ou *epoché*, descarta de início tudo o que não for apodítico e o que parecer controverso. Por essa via, alçaríamos somente os dados que não são possíveis de ser negados, pois o método da *epoché* constata o resíduo lógico, que, segundo Husserl, responde pela essência eidética, ou seja, aquilo que se busca ao se investigar determinado fenômeno. Para Husserl, esse método nos levaria a perceber que a consciência é evidente; ela é a pedra de fundamento de tudo aquilo que conhecemos.

2. Husserl insiste em afirmar que, quando intuímos a partir de dados, os fatos são observados de modo contingente, ou seja, o que se percebe em dado momento pode ser percebido de outro modo em outro instante. Todavia, sempre que apreendemos algo da experiência, nós o fazemos por meio de fatos que, apesar de se apresentarem de diversas maneiras, são dotados de uma essência que é sempre a mesma. Husserl entende o conhecimento da essência como intuição eidética: aquilo que é universal e necessário (essência) se apresenta nos objetos e nos acontecimentos de modo particular (contingente).

3. Para que possamos conceber o real significado de *valor*, termo-chave na ética de Scheler, é preciso distingui-lo de *bem*. Se os

bens são as coisas que detêm valor, então o valor é a essência, ou seja, é a qualidade que nos permite nomear algo como bom.

4. A manifestação do "ser-no-mundo" é determinada pela interação cuidadosa entre este e as coisas, ao passo que o "ser-com-os-outros" instaura-se na mediação cuidadosa para com os outros, o que torna autêntica a coexistência dos sujeitos; essa noção tem por função auxiliar os outros a ter e assumir sua liberdade. O cuidado caracteriza a posição do "ser-aí" diante de outros que, por seu turno, detêm a mesma posição.

5. Heidegger estabelece, em relação ao tempo, a determinação temporal de forma autêntica ou de modo inautêntico. No modo autêntico, passado e presente se instauram de forma crítica, a fim de garantir o projeto de futuro – mediante as condições de existências que detêm, no "ser-no-mundo", no "ser-com-os-outros" e no "ser para morte", as prerrogativas do ser do homem perante a certeza angustiante e abissal do nada. Ao contrário, o modo inautêntico de assimilar a determinação do passado e do presente inibe ou impossibilita qualquer futuro autêntico para a existência do homem. Nesse caso, por insistir na determinação da realidade como domínio e exploração dos entes, o futuro determinado pela forma inautêntica de conceber o tempo não se dá conta da angústia da existência humana em sua posição de destaque diante dos outros objetos. Principalmente, não vislumbra a inutilidade dos projetos humanos que se encaminham fatidicamente ao nada: condição perene para a qual se envereda toda existência.

6. Mesmo sendo uma questão subjetiva, alguns elementos devem aparecer no texto elaborado como resumo. Nesse exercício, o educando deve criar um ou dois parágrafos nos quais os elementos da filosofia heideggeriana sejam explicitados. Partindo de elementos centrais, o educando deve discorrer, de forma coesa e coerente, sobre os conceitos de "ser aí", "ser-no-mundo", "ser-com-os-outros" e "ser-para-morte".

Capítulo 3

Atividades de autoavaliação

1. c

2. c

3. d

4. a, c

5. a

Atividades de aprendizagem

1. Significa assumir que a existência do homem, como indivíduo, dá-se no processo de escolha: ele é aquilo que escolhe ser. Isso significa que ele tem diante de si todas as possibilidades, inclusive a possibilidade do nada. Diante disso, ele se vê diante da angústia, que traz à tona que seu processo de escolha não é permeado por nenhuma garantia para além de sua fé.

2. Orientação de resposta: O educando deve evidenciar sua concepção de consciência. Ele deve demonstrar, de alguma forma, que a consciência é uma percepção do próprio sujeito sobre seus pensamentos e ações.

3. Significa entender que a consciência não é um elemento ideal. A encarnação da consciência, que Sartre entende como sendo "para-si", é a condição da existência do mundo. Sem o sujeito que, por meio de seus objetivos, dá sentido ao mundo – contingente e desprovido de qualquer nexo que não o mero acaso –, a existência é torpe e vil.

4. Orientação de resposta: É preciso que se evidenciem quais sentimentos e decisões aparecem quando os seres humanos passam por um momento de angústia. De forma coerente, a resposta deve deixar claro que a angústia decorre de um estado psicológico causado pela indecisão.

5. A importância é perceber como a vida pode ser absurda. A angústia também acontece quando o indivíduo quer imprimir um sentido àquilo que não tem sentido algum. As escolhas e suas consequências são exclusivamente responsabilidade de quem as fez. Somos convocados a constituir valores, dar sentido às coisas, em virtude da angústia que a falta de sentido evoca.

6. A negação da angústia, ou a procura por dirimi-la, resulta na postura de má-fé, conforme compreende Sartre. A conduta de má-fé acontece quando nossas escolhas, nosso agir livremente, não resultaram nas consequências desejadas ou pretendidas pela nossa subjetividade. Não podemos converter nem culpabilizar as circunstâncias, muito menos responsabilizar o outro pelas consequências das nossas escolhas. Isso seria o mesmo que dizer que, ao optarmos conscientemente por algo, não estávamos conscientes. Com efeito, trata-se de uma tentativa de colocar a consciência no plano absurdo das coisas do mundo. Eis a conduta de má-fé, para Sartre.

Capítulo 4

Atividades de autoavaliação

1. c
2. b
3. b, c
4. d
5. c

Atividades de aprendizagem

1. A junção de duas proposições atômicas compõe uma proposição complexa ou molecular, isto é, uma proposição que descreve um fato com mais de uma qualidade.

2. A teoria das descrições efetiva-se por meio da concepção do atomismo lógico. Isso significa que a relação de reciprocidade entre ambas, para Russell, visa estabelecer que a linguagem somente permite a descrição dos acontecimentos e das coisas do mundo.

3. Para Wittgenstein, o pensamento deve expressar com exatidão, por meio de proposições elementares, o que são os fatos. Sempre que a linguagem quiser exprimir algo para além dos fatos possíveis de serem descritos pelo encadeamento lógico das proposições elementares, incorremos em proposições sem sentido.

4. Com a teoria dos jogos linguísticos, Wittgenstein estabeleceu um novo patamar de entendimento sobre a linguagem. Entendida como mera denominação, definição e explicação das coisas do mundo, a linguagem é empobrecida de sua significação no mundo. De acordo com o segundo Wittgenstein, a linguagem permite muito mais do que meramente denominar os fatos (coisas no mundo). Ela está para além da função de etiquetar as coisas, como se pretende com a teoria da representação. A noção de *jogos linguísticos* nos leva a entender o leque de possibilidades que a linguagem nos apresenta. Dadas as regras dos jogos linguísticos, nós utilizamos as palavras, os signos e suas composições dentro dos limites que nos são propostos pela linguagem. Contudo, esses limites não são estanques. Pelo contrário, estão sendo revalidados constantemente e podem ser ultrapassados à medida que novas regras para a linguagem se apresentam como possibilidade.

5. Em si mesma, a metafísica é paradoxo. Contudo, as asserções dos metafísicos seriam sintomas de penetração linguística e nisso residiria

o auxílio que ela presta à linguagem. Assim, as fendas abertas pelos paradoxos dos metafísicos fazem com que a linguagem avance sobre problemas com os quais ela, por si só, não iria deparar-se. Por um lado, as questões metafísicas não têm respostas satisfatórias para a linguagem; por outro, teriam ao menos a possibilidade de engendrar problemas que são passíveis de serem resolvidos pela linguagem.

6. A ética nos permite entender que a linguagem está para além da possibilidade de se dizer algo sobre o mundo. Ao atribuir responsabilidade ao sujeito, o uso da linguagem comum, por meio daquilo que Austin denomina de *atos de fala*, possibilita a realização das coisas muito mais do que apenas a enunciação delas. Austin evidencia a diferença entre proposições indicativas e proposições executivas. Estas últimas nos permitem realizar coisas, como prometer, convencer, informar, rezar e ludibriar. Nesse sentido, a diferença proposta nos coloca na esteira da análise linguística, quando entendemos que não se trata somente de palavras, mas da realidade que queremos exprimir ao utilizá-las.

7. Exatamente por não poderem ser verificadas, as proposições que descrevem fatos que não podem ser experienciados são tidas pelos neopositivistas como sem sentido. Não se trata de dizer que são expressões falsas ou verdadeiras, mas que não faz sentido propô-las.

8. Primeiramente, devemos entender o signo como um elemento por meio do qual expressamos ideias. É dessa definição saussureana que as demais partem. Podemos também dizer que o signo é um artifício mental que permite a comunicação, sendo qualquer coisa que represente outra – aquilo que uma sociedade define para substituir as coisas na falta delas mesmas.

9. A comunicação humana estabelece três tipos de relações por meio das quais os signos se manifestam: relação de similitude, relação causal e relação artificial ou arbitrária. Elas diferenciam os signos em ícones, índices e símbolos.

10. É sobretudo pela relação artificial que se estabelece entre os signos e seus significados – quando o signo designa um objeto apenas de modo convencional – que podemos entender a linguagem humana como arbitrária.

11. De modo geral, a noção de *estrutura* faz referência a um sistema autossustentável e autorregulável. O termo *estrutura*, utilizado pela corrente estruturalista, serve para compreendermos que um objeto (abstrato ou real) tem, em sua formação, elementos primários que respondem, em suas relações de reciprocidade, pela forma total como o percebemos.

12. Precisamente é a noção de *língua* que caracteriza a relação estrutural em Saussure. A linguagem – sistema por meio do qual verificamos a manifestação da língua – nos permite comunicar acontecimentos, sentimentos e pensamentos. Saussure expôs que a estrutura, por meio da qual a linguística se deixa notar, se perfaz de um emaranhado de elementos (de fonética, de sintaxe, entre outros) que, em sua complexidade, se organizam em uma linguagem.

13. Para Lévi-Strauss, não há nada em vão ou por acaso quando determinado elemento cultural (por exemplo, o nascimento, o casamento ou a morte) é utilizado no discurso mítico. Ainda, seguindo sua análise, ao contrário do que muitos afirmam, devemos entender o pensamento mítico como um modo autêntico de organização do mundo. Isso significa que devemos conceber o mito como meio de produção de conhecimento. Portanto, o mito não é apenas fantasia ou mero passatempo para as culturas em que se insere; trata-se de um conjunto organizado (um sistema de elementos), de modo que a modificação de qualquer um de seus elementos implica a reavaliação de todos os outros. Com isso, o sentido, ou seja, o que o mito quer dizer, está ao alcance de nossa reflexão conceitual, pois aquilo que analisamos conceitualmente (cada elemento do discurso) e observamos empiricamente (realidade palpável) permite-nos antever o que deve acontecer caso um dos elementos se altere na formação do conjunto como um todo – o sentido geral do mito.

14. A marca deixada por Foucault na filosofia contemporânea relaciona-se ao método de análise que ele propôs ao descrever como a loucura pode ser encarada como objeto de saber. Trata-se, mais propriamente, de expor como, considerando-se as instituições e práticas sobre o louco, podemos destacar relações de poder e saber, descrevendo como elas implicam um conhecimento. O método proposto por Foucault indicou que, ao sugerirmos elementos circunscritos a determinado campo (a psiquiatria, nesse caso), podemos, com base neles, elaborar uma rede de saber concatenando o conhecimento resultante de cada objeto investigado. Isto é, ao investigarmos determinado objeto, podemos relacioná-lo a outros presentes no mesmo campo de atuação. Tal relação evidencia como os elementos que produzem um saber se interligam aos demais saberes, até formar um campo único, porém não exclusivo, de saber.

Capítulo 5

Atividades de autoavaliação

1. b
2. b
3. d
4. b, d
5. a

Atividades de aprendizagem

1. A razão instrumental que opera objetivando a finalidade utilitária desconsidera se os meios empregados para atingir determinado fim (o progresso) seriam lícitos, isto é, dignos da razão de ser do humano. Essa razão é o "motor" do progresso e faz da sociedade um mero fim a ser administrado. Nesse processo, o indivíduo desaparece perante a

crescente produção de bens em escala, mediada por tecnologias instrumentais que estão nas mãos de um pequeno grupo dominante, o qual almeja garantir e manter o progresso.

2. Orientação de resposta: A resposta deve contemplar o fato de que os produtos anunciados nem sempre mostram algo que se vincula diretamente à mercadoria ofertada. Por exemplo, campanhas de perfume costumam mostrar somente pessoas bonitas e bem vestidas, vendendo a ideia de que, para ser assim, basta comprar o produto.

3. A propaganda. A mídia (rádio, cinema, TV) e, em geral, a propaganda operam como máquina a favor do sistema (sociedade totalmente administrada pela razão instrumental), mantendo o *status quo* da sociedade moderna. O poder constituído por meio desses meios determina as condutas a serem seguidas e os valores que devem ser mantidos em favor dessa sociedade. Utilizando-se da propaganda, a mídia engendra necessidades a fim de manter os sujeitos padronizados, estipulando um modelo a ser seguido.

4. Orientação de resposta: A resposta deve indicar que o conforto proporcionado pelas tecnologias de produção não deve ser justificado como forma de manter a sociedade na desenfreada busca por lucro. Ao contrário, a revolução tecnológica permitiu ao ser humano um desgaste menor e a economia do tempo. Isso deveria, segundo Marcuse, propiciar que o indivíduo se sentisse aliviado para desfrutar de seu tempo livre. Se usamos de nossa liberdade individual apenas para adotar o ritmo de produção e consumo, nossos atos e pensamentos são novamente manipulados.

Capítulo 6

Atividades de autoavaliação

1. c
2. c, d
3. c
4. b
5. d

Atividades de aprendizagem

1. O conceito de experiência de Dewey é amplo e complexo, uma vez que remete à história. Não se traduz em consciência clara e distinta dos objetos do mundo; trata-se, sim, da composição de todos os acontecimentos da vida humana. Nesse sentido, a experiência não se reduz ao conhecer. Com efeito, tudo o que o homem possa viver como experiência (devaneios, contradições, sonhos, engodos, desastres etc.) configura-se no conceito definido por Dewey.

2. O pensar reflexivo é o tipo de instrumento que nos permite propor soluções aos problemas que enfrentamos. Isso porque, na situação-problema, buscamos demarcar o terreno, sabendo realmente do que se trata, o que nos permite avançar ou propor uma solução possível. Ao refletirmos sobre o problema, antecipamos uma possibilidade de solucioná-lo, experimentando o que acontece, ou o que deveria acontecer, para nossa melhor existência. Para tanto, procuramos empregar, posteriormente, tudo aquilo que desenvolvemos em nosso processo reflexivo do pensar.

3. O papel da filosofia seria o de permitir uma distinção clarificadora entre os valores de fato e os valores de direito, com base nas ideias validadas pelas práticas na resolução dos problemas do mundo, ao passo

que a teoria dos valores (a ética) seria responsável por instituir o que promove e deve ser buscado pelo indivíduo humano.

4. A posição originária é um recurso heurístico pelo qual Rawls entende que os indivíduos estariam reunidos para determinar um contrato. O peculiar dessa noção é que os sujeitos se encontrariam em posição de equidade em razão do véu de ignorância, o qual determina que os indivíduos desconhecem quaisquer prerrogativas que lhes permitam, *a priori,* saber sobre a posição que vão ocupar na sociedade que estão elaborando. Em suma, Rawls quer estabelecer que, sob as condições da posição originária, os indivíduos prezariam pela construção de uma sociedade em que impera a justiça, uma vez que ninguém determinaria um contrato no qual amarraria a si próprio sem possibilidade alguma de, livremente, determinar seus atos.

5. Orientação de resposta: É preciso que a posição adotada dialogue com a apresentada pelo filósofo em questão. Não se trata somente de concordar ou discordar, mas de justificar determinada posição argumentativa.

sobre o autor

Ivan Luíz Monteiro é doutor em Filosofia e especialista em Filosofia da Educação pela Universidade Federal do Paraná (UFPR). É também licenciado em Filosofia pela Pontifícia Universidade Católica do Paraná (PUCPR), licenciado em Pedagogia e atua como professor de Filosofia na rede estadual de ensino público, como docente universitário na Gran Faculdade em Curitiba (PR). É pesquisador de filosofia, educação, cultura africana e afro-brasileira e também membro fundador do Instituto Akilomba – Saber Ancestral (ASA), atuando como palestrante em cursos de formação inicial e formação continuada.

SANZIO, R. *A Escola de Atenas (Scuola di Atene)*.
1509-1510. 500 cm × 770 cm; color.
Stanza della Segnatura, Palácio Apostólico:
Cidade do Vaticano.

Impressão:
Agosto/2023